JN146796

基本のない
技術は
嫌らしくなる。
色気は
基本から
滲み出る。
中谷彰宏

あきひろ

# なぜあの人には「大人の色気」があるのか

中谷彰宏

AKIHIRO NAKATANI

現代書林

この本は、
3人のために書きました。

**1**

色気を出そうとしたら、いやらしいと言われた人。

**2**

色気のあるお手本がまわりにいなくて、色気がわからない人。

**3**

おじさんではなく、大人になりたい人。

# 01

## プロローグ
# 色気は、品(ひん)から生まれる。

**色気は、品から出るものです。**


自分は色気がないと思う人は、頑張って色気を出そうとします。

その時に、「いやらしい」と言われてしまいます。

「いやらしい」と「色気」は何が違うかです。

「色気」と「品」を真逆なものと勘違いしている人が多いのです。

色気は品をくずすことと勘違いした人が色気を出そうとすると、「いやらしい」方に転がってしまうのです。


まじめな人は、色気を「ワル」と考えてしまいます。

そうではありません。

色気は「品」のド真ん中にあります。

色気をつけたいと思ったら、まず、自分自身に品をつけていきます。

「品はあるのに、色気が出ない」というのは勘違いです。

色気のない人には、まだ品が足りないのです。

たとえば、京都花街の芸妓(げいこ)や舞妓(まいこ)は、技芸学校などで徹底的に品の勉強をしています。

宝塚歌劇団のタカラジェンヌも、宝塚音楽学校で徹底的に基礎教育として、品を身につけます。

品があるからこそ、見る人に色気が伝わるのです。

大人の「色気」を醸し出す方法

## 01

## 品を磨こう。

# 大人の「色気」を醸し出すための63の方法

1 □——品を磨こう。
2 □——技術より、基本を磨こう。
3 □——「予想のつかないこと」をしよう。
4 □——他の人をほめよう。
5 □——ネクタイをクリーニングに出そう。
6 □——クリーニング代を、節約しない。
7 □——「いいね」と「死ね」の間を持とう。
8 □——みんながけなす方を、ほめよう。
9 □——大切なモノ以外は、すっぱり手放そう。
10 □——こっそりコツコツしよう。

11 □――ドロ臭いことをしよう。
12 □――関心のないモノにも優しくしよう。
13 □――自分を客観的に見よう。
14 □――一発逆転を狙わない。
15 □――自分の好きなものを信じよう。
16 □――品のない人と、一緒にいない。
17 □――夜、人と会わない。
18 □――早く行って、早く帰ろう。
19 □――SNSをしない。
20 □――着崩さない。
21 □――常に見られている意識を持とう。
22 □――誰もいない時に、姿勢をよくする。
23 □――人と違うことを、気にしない。
24 □――リスクを取ろう。
25 □――過去にとらわれない。

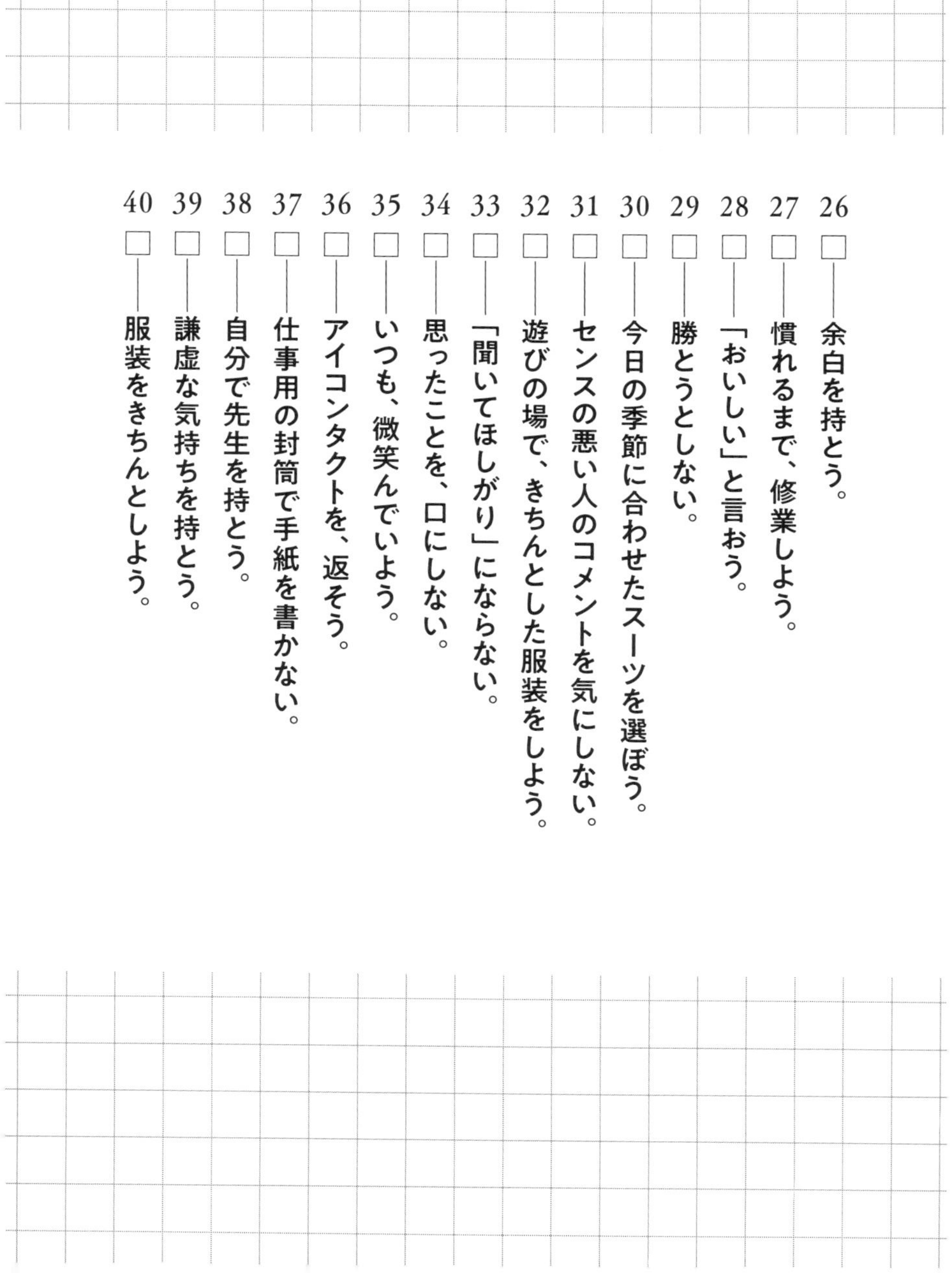

26 □——余白を持とう。

27 □——慣れるまで、修業しよう。

28 □——「おいしい」と言おう。

29 □——勝とうとしない。

30 □——今日の季節に合わせたスーツを選ぼう。

31 □——センスの悪い人のコメントを気にしない。

32 □——遊びの場で、きちんとした服装をしよう。

33 □——「聞いてほしがり」にならない。

34 □——思ったことを、口にしない。

35 □——いつも、微笑んでいよう。

36 □——アイコンタクトを、返そう。

37 □——仕事用の封筒で手紙を書かない。

38 □——自分で先生を持とう。

39 □——謙虚な気持ちを持とう。

40 □——服装をきちんとしよう。

41 □――いい声が出るように鍛えよう。
42 □――みんながしないことをしよう。
43 □――損をしてでも、好きな方を選ぼう。
44 □――返金を求めない。
45 □――弱点を持とう。
46 □――好かれようとしない。
47 □――一人でいることを、楽しもう。
48 □――他人にとやかく言われることを、気にしない。
49 □――まわりの評価を気にしない。
50 □――地味なことをしよう。
51 □――失敗した時も、いつも通りでいよう。
52 □――「ショック！」と言わない惚れ直し力を持とう。
53 □――小さなことに気づいて楽しめる観察力を持とう。
54 □――タブーを恐れない。
55 □――「負けました」を言おう。

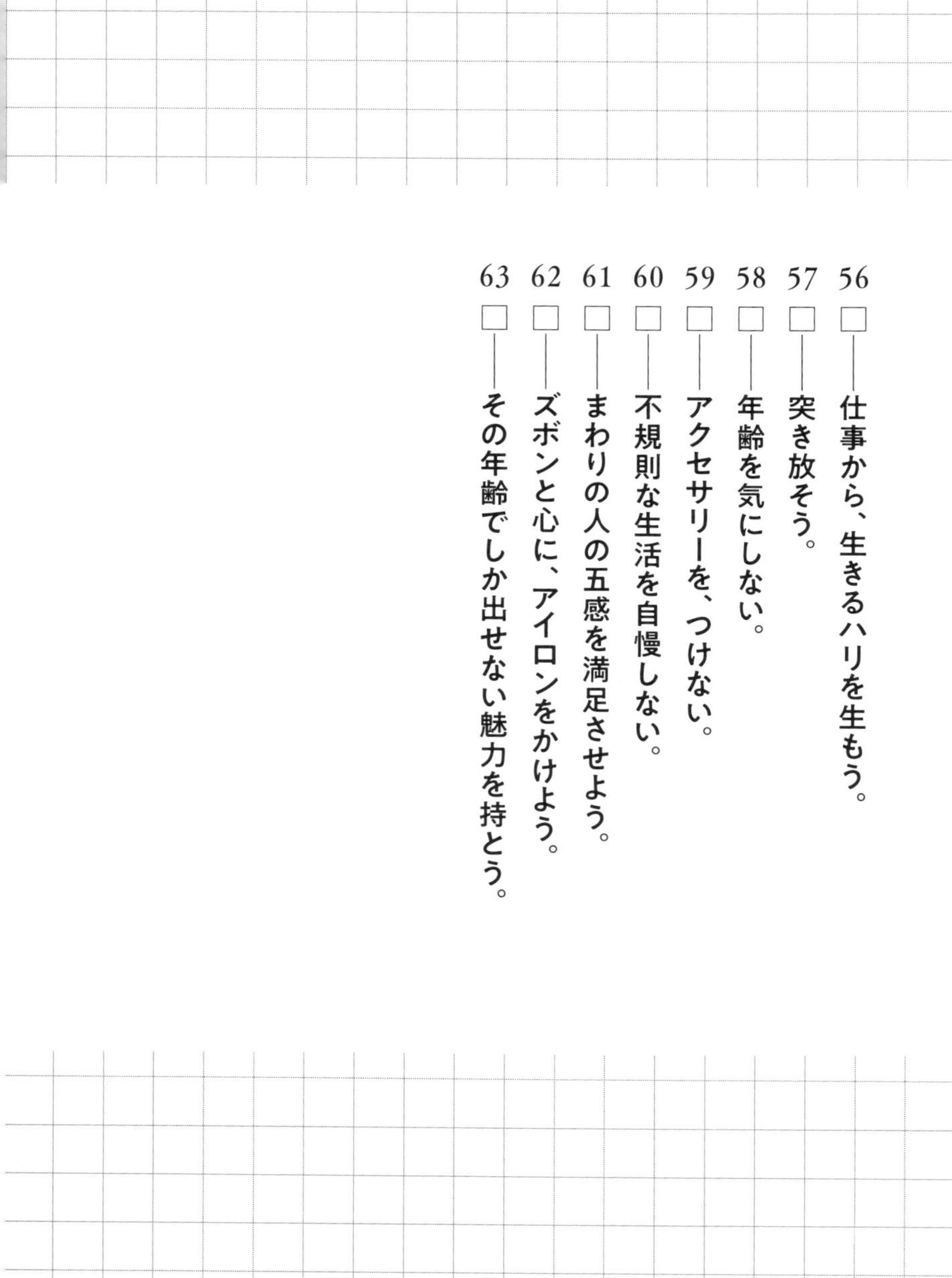

56 □――仕事から、生きるハリを生もう。

57 □――突き放そう。

58 □――年齢を気にしない。

59 □――アクセサリーを、つけない。

60 □――不規則な生活を自慢しない。

61 □――まわりの人の五感を満足させよう。

62 □――ズボンと心に、アイロンをかけよう。

63 □――その年齢でしか出せない魅力を持とう。

CONTENTS

# なぜあの人には「大人の色気」があるのか

PROLOGUE



CHAPTER 1

# 大人の色気は「余裕」から生まれる。

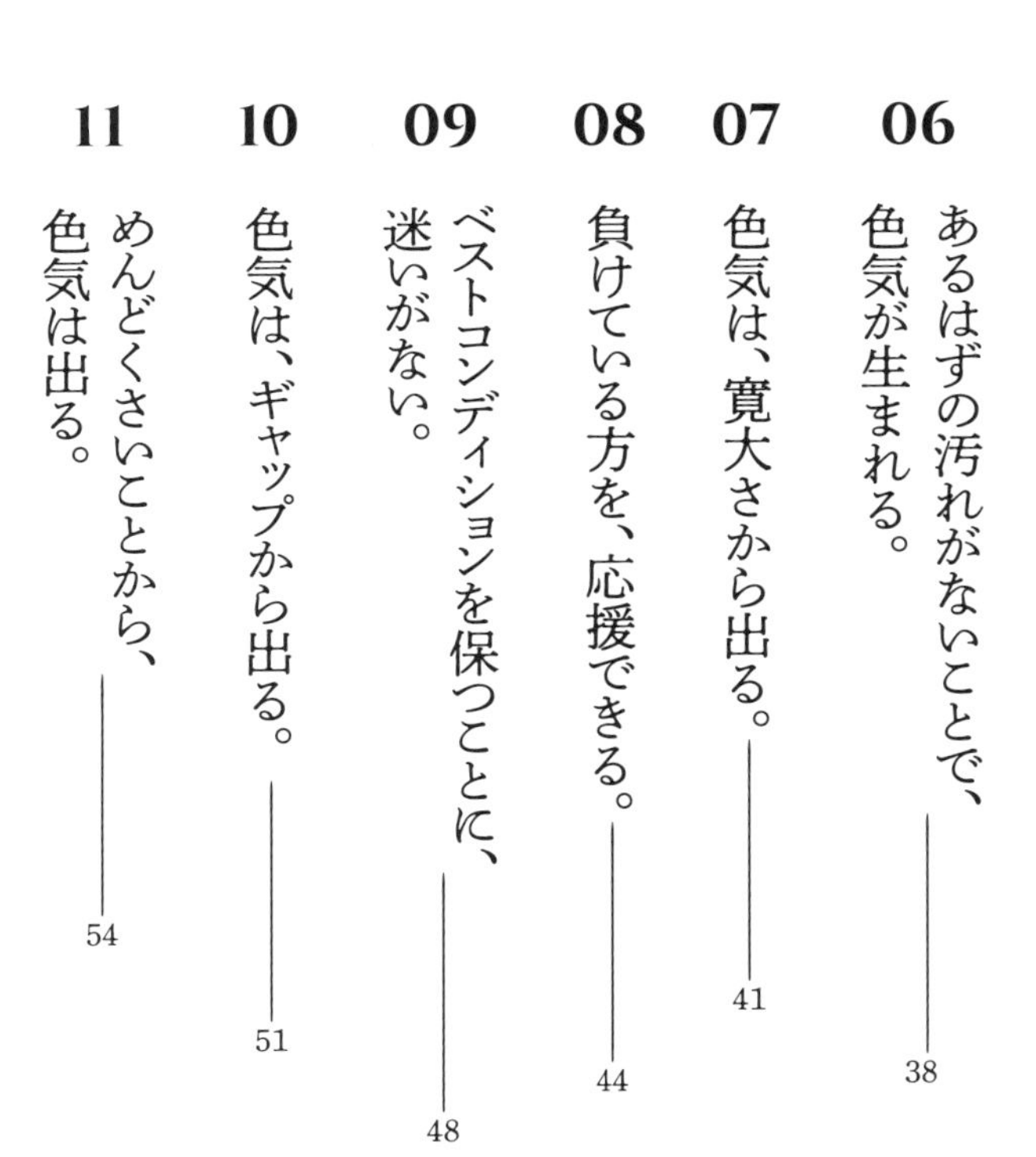

## CHAPTER 2 大人の色気は「リスク」から生まれる。

CHAPTER 3

# 大人の色気は「微笑み」から生まれる。

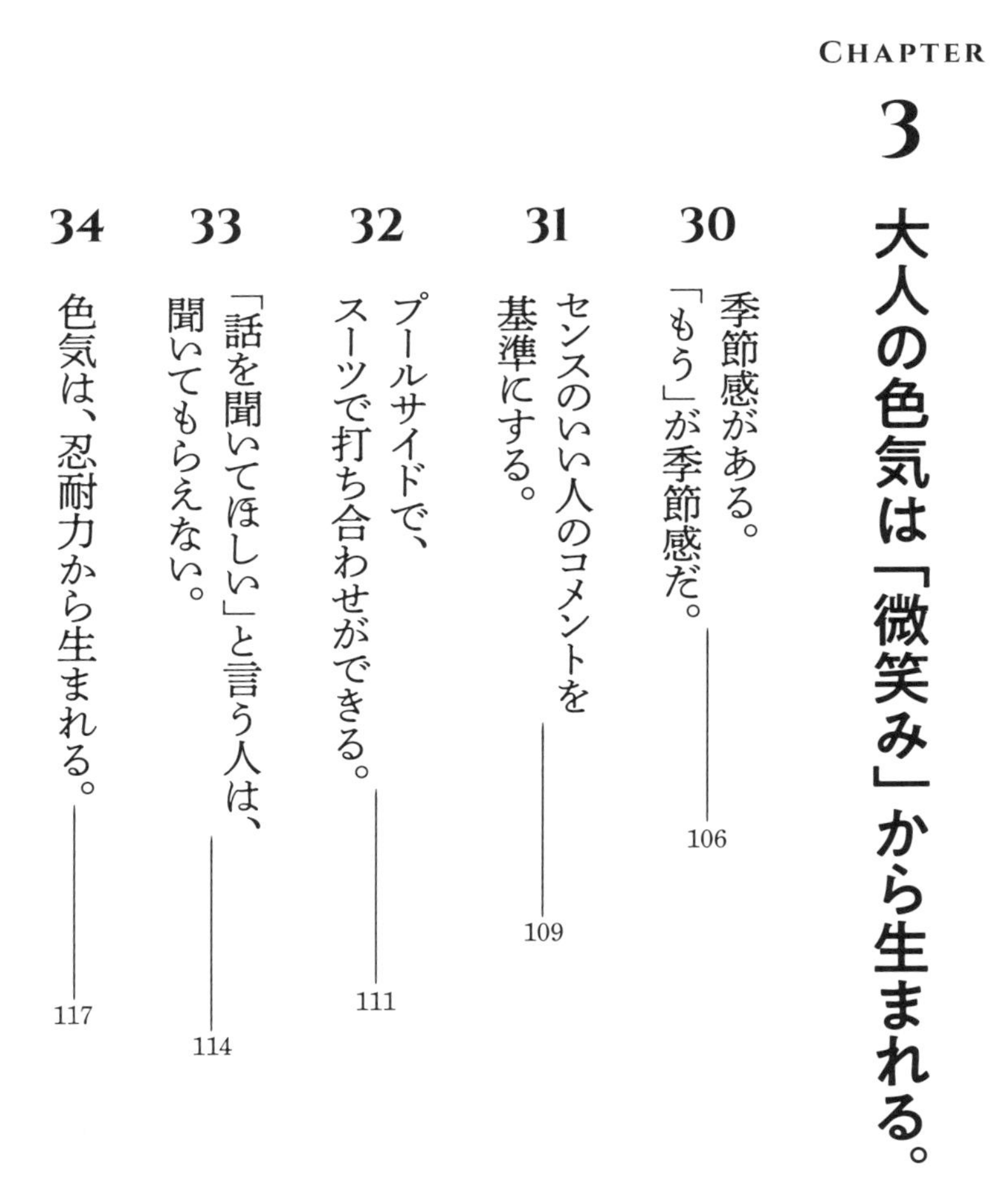

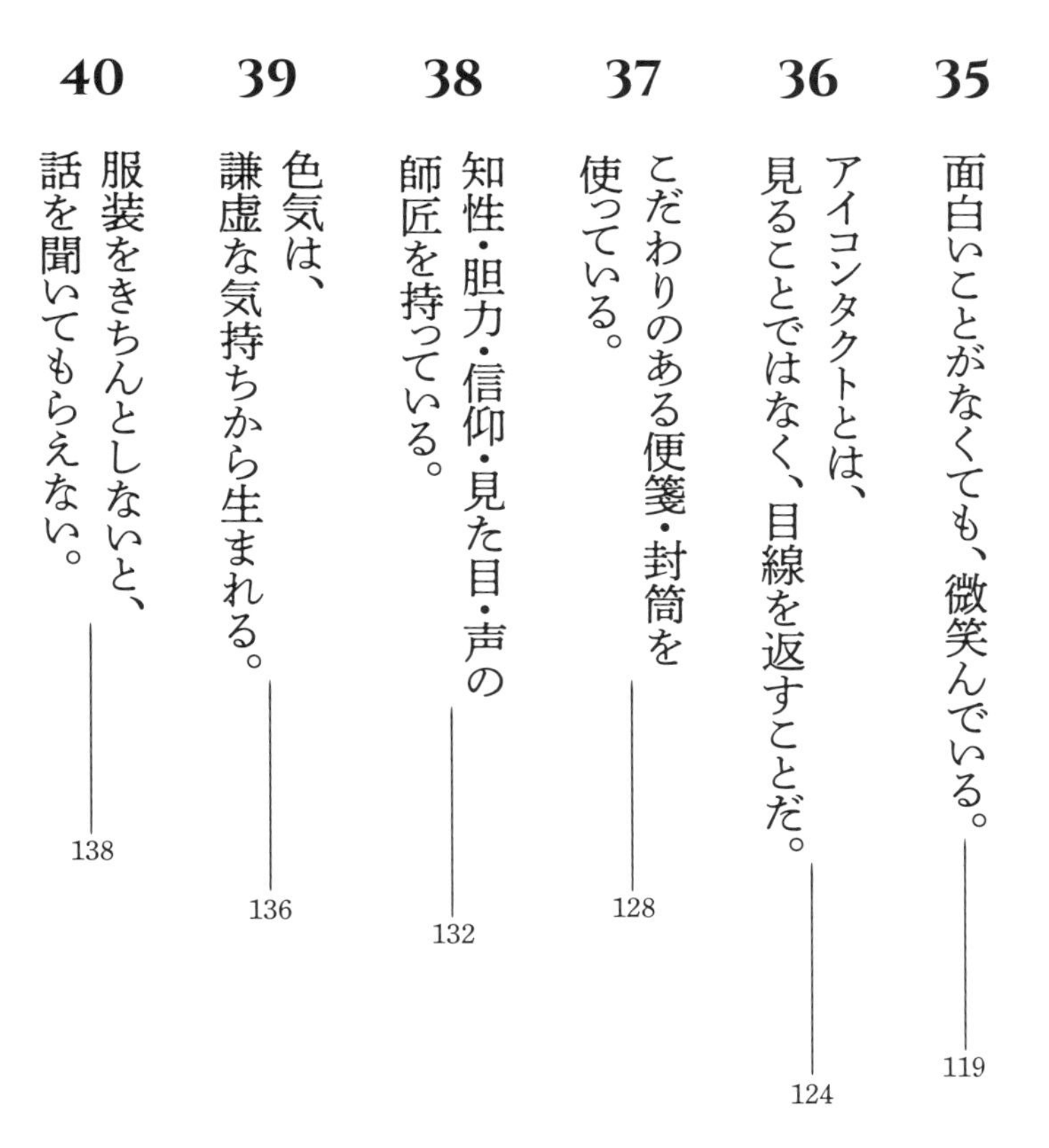

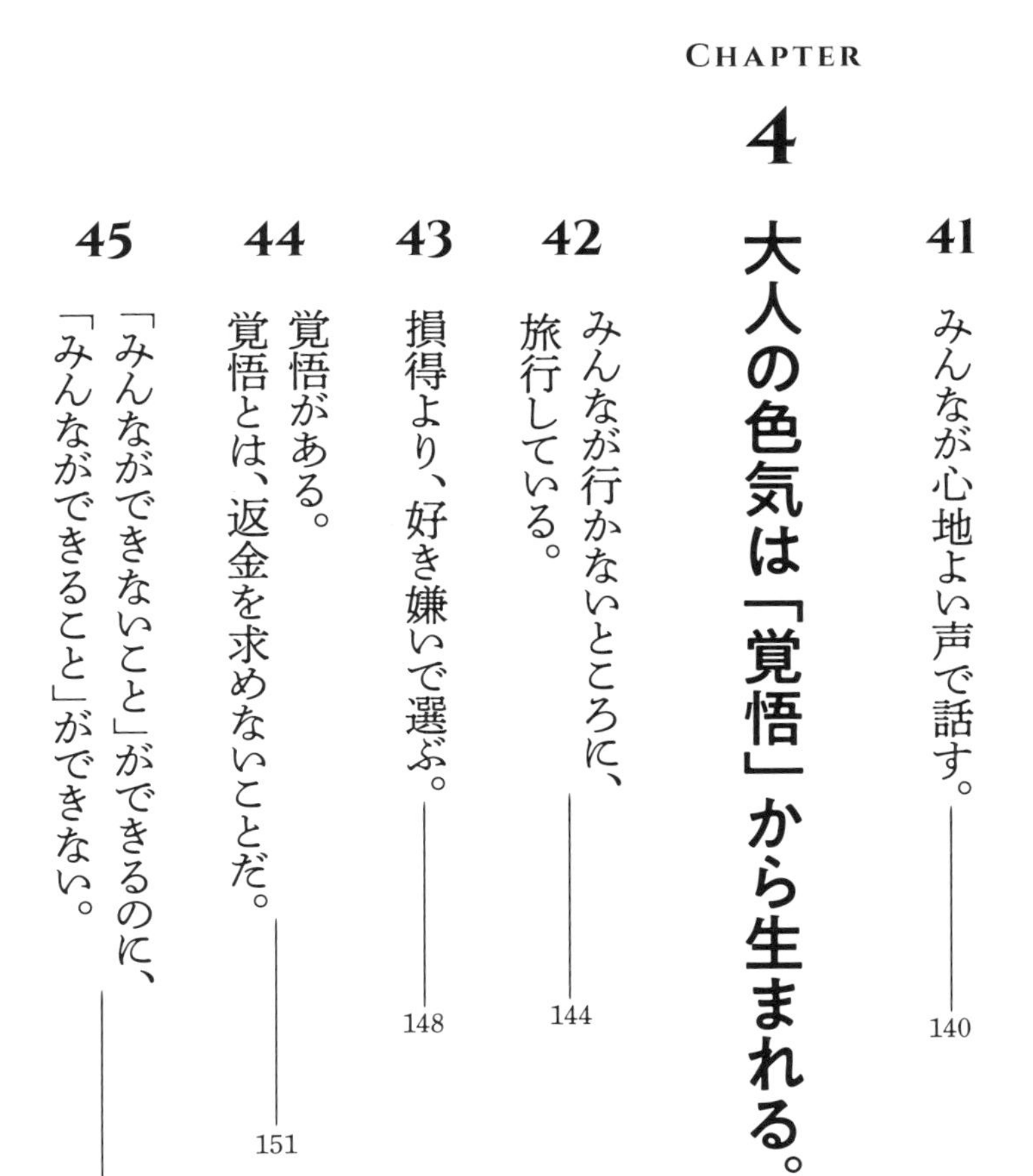

CHAPTER 4

# 大人の色気は「覚悟」から生まれる。

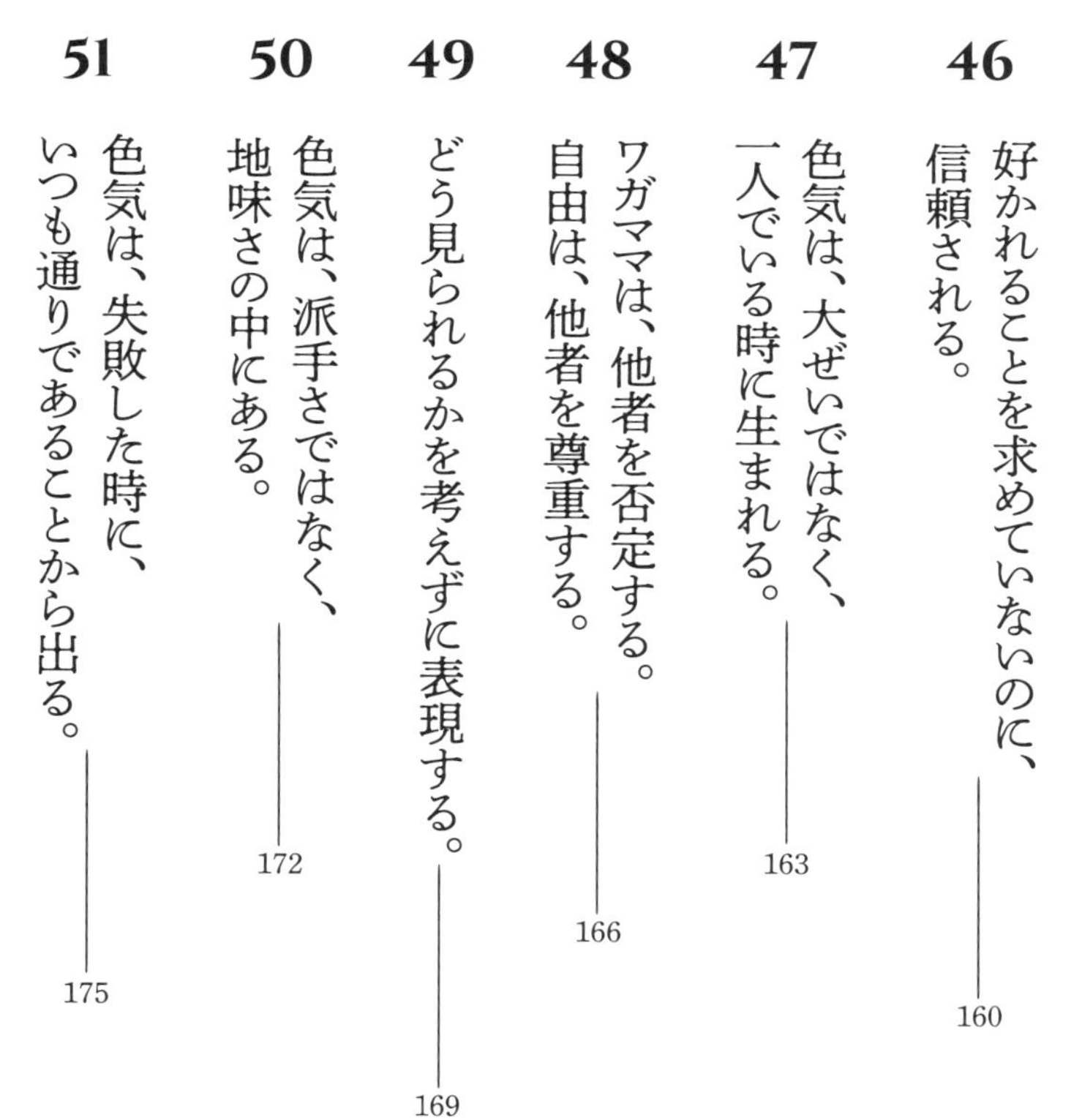

# CHAPTER 5 大人の色気は「美学」から生まれる。

EPILOGUE

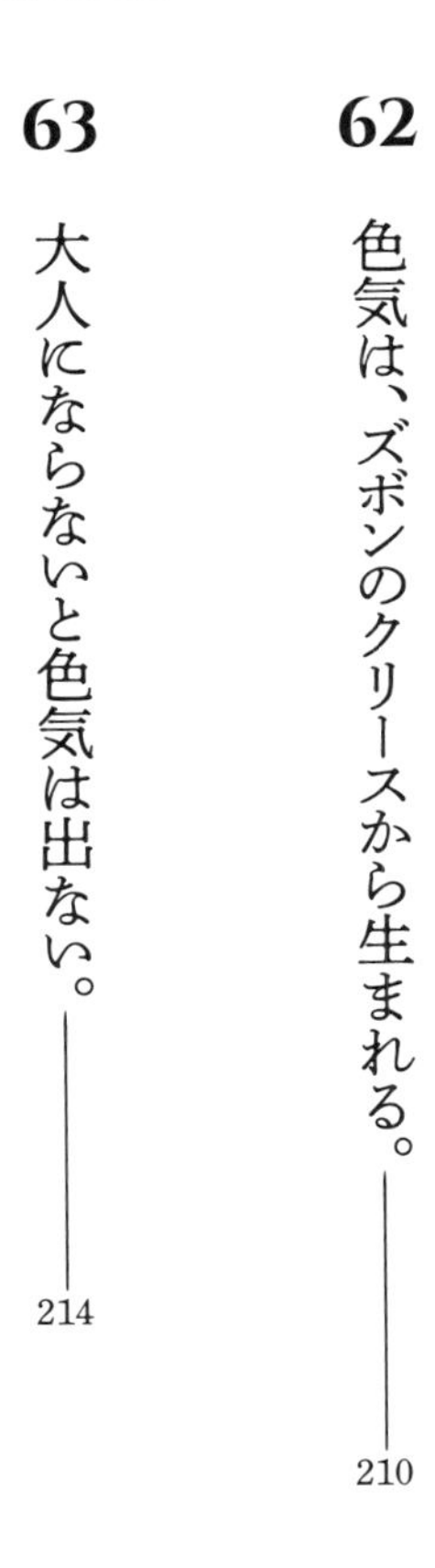

CHAPTER 1

# 大人の色気は「余裕」から生まれる。

# 02

# 色気は、技術より、基本から生まれる。

**基本がないのに技術をのせると、いやらしくなります。**

色気をつけるためのアプローチは、

①技術を磨く

②基本を磨く

の2つです。

勉強も習いごとも仕事も、すべて底辺に基本があって、その上に技術がのっています。

基本は見えにくく、身につけるのに時間がかかります。

技術は見えやすく、身につけるのにそれほど時間はかかりません。

**焦る人は、ついうわべの技術だけをつけようとします。**

「時間がないから基本をつけているヒマがないんです。急ぐんです」と言うのです。

基本も技術もない人は、色気もありませんが、いやらしさもありません。

たとえば、英語を習う時に、正しい文法を習わないで、ブロークン・イングリッシュで話してしまう人がいます。

「会話から入ればいいんです」と言いますが、その会話には品がなくなります。

それなら何も習っていない人の方が、まだマシです。

じっくり腰を据えてする覚悟から、色気が出ます。

覚悟と願望は違います。

焦りは、いやらしさに転がるのです。

ダンスの世界では、ジャッジ（審査員）は基本がどれだけできているかを見ます。

コンペになると、焦ってテクニカルな「振り」のところを頑張りがちです。
それは、素人が見ると、派手で見栄えがします。
プロのジャッジが見ると、基本ができていなくて、いやらしく見えます。
見るポイントをどこに置いているかで分かれるのです。

大人の「色気」を醸し出す方法

02

## 技術より、基本を磨こう。

# 03

# 色気は、ノリから生まれる。

まじめな人は「色気がない」と言われがちです。

まじめなこと自体は間違っていません。

予定調和に入ることで色気はなくなります。

**予定調和に入る原因は、先の見通しが立たないことに手を出さないことです。**

たとえば、旅行で予定外のことに誘われた時に、

「それに行ったら何があるんですか」

「いや、何があるかは行ってみないとわかりません」

「行ってみないとわからないものは、やめておきましょう」

と言うのです。

ノリのない人には、色気は生まれません。
色気は「ノリ」から生まれます。
シラけないことが、色気につながります。

若いうちは誰でも見通しの立たないことができます。
そこそこ歳を重ねると、中途はんぱに見通しが立つようになります。
予想がハズレにくくなるので、ついつい見通しが立つことばかりしてしまいます。
そういう人には、色気は生まれません。
**色気は、「結果が、どうなるかわからないところ」にあるのです。**

大人の「色気」を醸し出す方法

03

## 「予想のつかないこと」をしよう。

# 04

# 余裕とは、利他的になれることだ。

色気は、余裕から生まれます。
自分のまわりに「自分の利益」という領域があります。
その端に壁があります。
壁の内側の利益を守ろうとするのが「余裕がない」ということです。
**「余裕がある」というのは、自分の利益の外側に出ることです。**
自分の利益を犠牲にして、他者の利益を優先するのです。
余裕が生まれた時に、色気が出ます。
「私が私が」と、自分が目立ちたい人には色気は出ません。
誰でも自分が目立ちたいし、他者評価が欲しいと思っています。

その中で、余裕のある人は、自分を犠牲にして、ほかの人を立てられるのです。

「群淘汰（グループ・セレクション）」という考え方があります。

自然淘汰は、個人の争いで、強い者が残ります。

群淘汰は、グループごとに生き残ります。

お互いが立て合うと、みんなが立つのです。

「利己的な集団」と「利他的な集団」があった時に、生き残るのは「利他的な集団」です。

石器時代の狩猟生活では、ケガをした人間がグループの中にいると足手まといになります。

利己的なグループは、ケガをした人を置いていきます。

そうしないと、ほかの人間に迷惑がかかって、自分が生き残れなくなるからです。

実際は、利己的なグループは絶滅しました。

足手まといのケガ人を連れていった利他的なグループが生き残っているのです。
就活の面接でも同じことが起こります。
3対3の面接をすると、3人とも通るか、3人とも落ちるかのどちらかです。
3人のうち1人が通るということはないのです。
**色気と利益は、相反するものです。**
自分に色気をつけたければ、まわりの人を色気があるように見せてあげるのです。
まわりの人をカッコよく見せようとする人には、色気があります。
**自分がほめられたい人より、ほかの人をほめている人の方がカッコいいのです。**
これが利他的行為です。
利他的行為に色気があるのです。
色気は、単にファッションの問題ではありません。
その人の生き方の問題であり、人間関係の問題です。

**その人の美学に、色気があるのです。**

お坊さんは、色気とは真逆の世界に生きています。
にもかかわらず、お坊さんは誰よりも色気があります。
お坊さんが人のために生きているからなのです。

大人の「色気」を醸し出す方法

04

## 他の人をほめよう。

# 05

# 色気は、清潔感から出る。

勘違いしている人は、何かをのせようとします。

塗ったり、匂いやアクセサリーをつけたり、何かをつけ加えることで色気を出そうとします。

これは逆です。

**清められた状態の中に、色気があるのです。**

男性は、香水の香りより石鹸（せっけん）の香りのする女性が好きです。

石鹸で清められた状態に、色気を感じるからです。

石鹸の香りは清潔感をあらわしています。

にもかかわらず、自分をゴテゴテ塗ってしまうという逆のことが起こるのです。

ゴテゴテ塗っている人には、清潔感がなくなります。
足し算することに必死で、清潔感をキープしようしないからです。

**色気は、引き算にあります。**

たとえば、支払いの時に、ブランド物のネクタイが汚れている男性がいます。
ここで女性は「あれ？」と思います。
お気に入りの勝負ネクタイなので、長年使い続けて、汚れているのです。
清潔感のない人は、汚れが好きなのではありません。
汚れに気づかないのです。
だから、汚れていても平気です。
メガネのレンズが汚れている男性もいます。目の前すぎて自分では見えないのです。

**女性は、不潔に対して、きわめて敏感です。**

値段の高いものであればあるほど、長く使ってしまいがちです。

女性は気を使って、遠回しに「ずいぶん大切にされてますね」と言います。

男性は、ほめられたと勘違いして、「そうだろう」と得意になっているのです。

男性でも女性でも、汚れたネクタイをしている人には、さわられたくありません。

汚れたコックコートを着たシェフのいるレストランで、料理がおいしく感じないのと同じです。

色気の基本となるのが、清潔感なのです。

大人の「色気」を醸し出す方法

## 05

# ネクタイをクリーニングに出そう。

# 06

## あるはずの汚れがないことで、色気が生まれる。

ワイシャツを毎日クリーニングに出すと、費用がかさみます。
自宅でアイロンをかけようと思うと、時間もかかります。
それは清潔感のためにしていることです。
どんなにブランド物の高額な服を着ていても、清潔感がなければアウトです。
メガネの汚れ、靴の汚れ、ツメの汚れも、すべて清潔感にかかわる話です。
清潔感は目に見えません。
あるはずの汚れがないことで、色気が生まれるのです。

クリーニング代は、ケチらないことが大切です。

ワイシャツは安いところに出すと、機械でプレスするので、ボタンが割れてしまいます。

クリーニングは、そこそこの値段のところに出した方がいいのです。

「昨日は少ししか着なかったから」とか「昨日はそれほど汗をかいていないから」ということで、つい「まだいける」ということが起こりがちです。

**「まだいける」で、清潔感はなくなります。**

ワイシャツは肌着です。

パンツと同じです。

**パンツに「まだいける」はないのです。**

1日身につけた肌着はクリーニングに出します。

汗を吸いこんだワイシャツは、放っておくとカビが生えます。

カビが生えると、しみ取り料金が加算されます。

クリーニングに出す前に、家で水につけておいた方がいいのです。

**色気は、覚悟から生まれます。**

「とりあえず明日の朝、汚れていなかったらまた着よう」というのは、覚悟がありません。

脱いだら即クリーニングのランドリーボックスに入れることが、覚悟なのです。

大人の「色気」を醸し出す方法

06

## クリーニング代を、節約しない。

# 07

# 色気は、寛大さから出る。

そこそこの年齢になってくると、怒りっぽくなります。
人の間違いが許せなくなるのです。
自分ができているからです。
若いうちは自分もできていないので、そんなに怒ることはありません。
コンビニでも、店員さんのミスを怒っているのは、そこそこの年齢の人が多いのです。
「そこまで怒らなくても」というぐらい怒っています。
たしかにミスはミスですが、そこは寛大に見て欲しいのです。

ネット社会は、若者たちだけではなく、そこそこの年齢の人にも影響が出ています。

寛大でない人も、ほめなくてはいけないと思って、「いいね」は言います。

スイッチが「いいね」と「死ね」の2つしかないのです。

これが情報化社会です。

本来は、「いいね」と「死ね」との間には無限のグラデーションがあるのです。

**寛大とは、「いいね」と「死ね」の間を持つことです。**

誰かと一緒に食事に行った時に、それほどおいしいわけでも、それほどまずいわけでもない時にどうするかです。

自分の好みでなくても「これはこれで、ありかな」と思えることが寛大です。

人の意見に対して「あの人の言うことにも一理あるな」と思えることが「寛大」です。

「正しい」とか「間違っている」とかではないのです。

大人の「色気」を醸し出す方法

07

## 「いいね」と「死ね」の間を持とう。

**「いいね」と「死ね」しかない世界は、他者承認と遠慮だけになって寛大さがなくなります。**

たいしておいしくないものや安いものをおいしそうに食べる人は、感じがいいし、色気があります。

高級な三ツ星のレストランをほめるだけではなく、B級グルメもおいしそうに食べるところで好感度が上がっていきます。

これが「いいね」と「死ね」の間を持っているということなのです。

# 08

# 負けている方を、応援できる。

世論には、波があります。

常に「優勢な側」と「劣勢な側」があるのです。

つい「優勢な側」を応援してしまうのが、世論です。

マジョリティーに入った方がラクなのです。

前まで持ち上げていた人が落とされると、「あの人は最高」と言っていたのに、急に「最高だと思っていたけど見損なった」という側にまわります。

ワイドショー的に右往左往するのは、色気がないのです。


たとえば、武田鉄矢さんは色気があります。

「忖度(そんたく)」という言葉が、ネガティブ流行語になってしまっている中、武田鉄矢さんは「忖度は大切ですよ」と言いました。

「忖度」は、そもそもいい意味の言葉でした。

それがいつの間にかネガティブに転んでいったのです。

テリー伊藤さんも、色気があります。

政界でのネガティブワードは、「忖度」の前は「癒着」でした。

テリー伊藤さんは、「癒着は大切ですよ。持ちつ持たれつという人間の友情じゃないですか」と言っていました。

このコメントは少数派を応援できるコメントです。

私は、加藤一二三(ひふみ)さんの将棋の解説が大好きです。

加藤さんは、劣勢の側が勝つにはどうしたらいいかをずっと話しています。

世論は、優勢がなぜ優勢かの説明が多いのです。

その方が簡単です。

勝てば官軍のほうについていけばいいのです。

**色気は、負けている中で諦めない人から出ます。**
**負けている側を応援する人からも出ます。**

たとえば、ボウリングは前半で50点の差がつくと、逆転の可能性は減ります。

私はボウリング番組の解説で、「今、辛(つら)くなったのは勝っている側ですよ。なぜなら、50点離された側が開き直っちゃったからです」と、コメントしました。

人間は開き直ると強いのです。

一見、大差に見えますが、追いかける側は何も失うものがないので、あっと言う間に追いつきます。

接戦の方が、まだ追われる側はしんどくありません。

追っている側も辛いからです。

大差になると、失うものがないので追う側がラクになります。

古舘伊知郎(ふるたちいちろう)さんは、マラソンの解説で「負けている側を実況で勝たせてみせる」と言いました。

私も映像をつくる人間なので、その気持ちはわかります。

大人の「色気」を醸し出す方法

08

## みんながけなす方を、ほめよう。

マラソンを横とか上から撮ると、大きな差に見えます。
差が一番小さく見えるアングルから撮ると、接戦に見えます。
見ている側も、「いけるいける。頑張れ頑張れ」と応援したくなります。
そのエネルギーが走る人に伝わるのです。
勝ち馬に乗るのは、最も色気のないことなのです。
**色気のある人は、劣勢側を応援します。**

# 09

## ベストコンディションを保つことに、迷いがない。

**色気は、手放すことで出ます。**

**執着を持っている人には、色気は出ません。**

「手放す」イコール「執着を捨てる」ということです。

**色気のない人は、家の中にモノが多いのです。**

モノを捨てられないのは、「自分はこうありたい」という軸がブレているからです。

**色気のある人は、軸にブレがありません。**

自分のベストコンディションを保つことに迷いがないのです。

家の中には、

①今、ベストコンディションを保つモノ
②過去、ベストコンディションを保つために必要だったモノ
の2通りがあります。

モノを捨てられない人は、「今」のベストコンディション用、「過去」のベストコンディション用、さらに「未来」のベストコンディション用のモノまで全部あります。


色気のある人は今のベストコンディション用のモノがわかるので、それ以外のモノはすっぱり捨てられます。

自分とパートナーのベストコンディションが違う時は、色気のある人はパートナーごとすっぱり切ります。

相手のベストコンディションを変えさせるのは、かわいそうだからです。

ここで相手を切れない人は、グズグズと不満を言いながらガマンして、結果として相手を不快にさせてしまうのです。

大人の「色気」を醸し出す方法

09

# 大切なモノ以外は、すっぱり手放そう。

手放すためには、今の自分のありたい姿が見えていることが大切です。
色気のある人は、部屋が片づいています。
必要なモノしかありません。
今、必要ないモノには、捨て魔になれます。
部屋が散らかっている人も、インテリア雑誌でオシャレなインテリアを見て、
「こんなふうになりたい」と思っています。
そのインテリア雑誌が家の中を埋めているという矛盾を生み出しているのです。
その人は、自分の「こうありたい」がないのです。
ただの憧れとして「これもいい、あれもいい」と言っているだけです。
「これも、あれも」では、色気をつけることはできないのです。

# 10

# 色気は、ギャップから出る。

ギャップとは、その人のイメージとは違うことです。
色気というと、派手なイメージがあります。
**派手に見える人がコツコツしていた時に、色気が出るのです。**
「実はこんなことをしている」と言ってしまうと、色気は消えます。
**色気は出すものではなく、にじみ出てしまうものです。**
出そうとした瞬間に、色気がなくなるのです。
隠してコツコツしていると、バレるのに10年かかります。
10年後も発表するのではありません。
10年ぐらいたつと、バレてしまうのです。

**20年でも30年でもバレないのが、一番色気が出ます。**

ギャップで色気が出ると言っても、地味な人がこっそり派手なことをしても色気にはなりません。

**色気は「コツコツ感」から出ます。**

**職人さんに色気があるのは、コツコツしているからです。**

職人さんは、コツコツすることに喜びを感じます。

どんなに手間ヒマかかっているかということは、いちいち言いません。

**あたかもさらりとできたかのように見せるところに色気があるのです。**

どれだけ徹夜したとか、どれだけ頑張ったかとか、それをするためにどれだけ体を壊しているかと言ってしまった時点で、色気はなくなります。

高倉健さんに色気があるのは、黙っているからです。

高倉健さんがNHKの『プロフェッショナル』に出た時に、ナインティナインの岡村さんが、「あの時は、お手紙をありがとうございました」と言いました。

岡村さんは、タイミングをはかって、健さんの凄さを伝えたいと思ったのです。

素晴らしいことです。

それに対して、高倉健さんが「そういうことは自分の胸にしまっとけ。カメラの前で言うな」と、言ったのです。

あれがカッコいいのです。

ここは両者カッコいい場面だったのです。

大人の「色気」を醸し出す方法

## 10

## こっそりコツコツしよう。

# 11

# めんどくさいことから、色気は出る。

めんどくさいことは、ドロ臭いことです。

45歳を過ぎると、仕事が効率的にできるようになります。

若いうちは、効率的にできる技がまだわかっていません。

そこそこ経験を積むと、ムダな試行錯誤はしなくなります。

手間がかかることは、あらかじめ避けて通れるようになるのです。

**効率的なことには、色気がなくなります。**

たとえば、きちんとした服装をするのは、めんどくさいことです。

ちょっと外へ出るのに、いちいち着替える必要はまったくありません。

キング三浦知良（みうらかずよし）さんは、近くのコンビニに行く時にもスーツに着替えます。

カズさんは人に見られる仕事をしているからです。

スーツに着替えて出かけて、家に帰ってからまた部屋着に着替えます。

2回の手間で、コンビニに行く時間よりも、もっと時間がかかるのです。

そのめんどくさいことをする時に、色気が生まれます。

営業は、結局は一軒一軒まわることです。

学習塾の先生から、「eラーニングで1回録画したら、あとは自動的に収入が入るような形になんとかできませんか」という相談がよくあります。

それをすると、生徒は離れていきます。

**生徒が学習塾に通うのは、先生の魅力があるからです。**

少人数の授業で毎回準備をするのは、手間がかかるし、きわめて効率が悪いです。

効率の悪いことをすることによって、人間と人間とのつながりが生まれるのです。

アフリカの子どもたちに教育用のタブレットが配られたことがありました。

通信衛星からどんな遠いところでも、アンテナを立てなくても電波が届きます。

これで子どもたちが勉強できると思っていたら、タブレットは捨てられてしまったのです。

タブレットは先生とのつながりがないからです。

大切なのは、ナマ身の先生とのつながりです。

「一」対「多」とか、1回するとあとは自動的にできる仕組みは、効率はいいですが、色気を失わせます。

産業革命でモノが大量生産されるようになって以来、モノの芸術性はなくなってきました。

**多くの時間をかけて、1個しかできないというモノに、ドロ臭い色気が生まれるのです。**



## 11 ドロ臭いことをしよう。

# 12

# 色気は、モノへの優しさから出る。

色気は、優しさから生まれます。

「自分は人に優しくしているのに、なんで色気がないのか」と言う人がいますが、それは好きな人にしか優しくしていないからです。

好きな人には、誰でも優しくします。

好きな人への優しさからは、色気は出ません。

**色気は「好きでない人への優しさ」から出るのです。**

たとえば、新幹線に乗った時に、若い女性の荷物は棚に上げてあげて、おばあちゃんの荷物は上げないとなった瞬間に色気はなくなります。

この人は顔を見て選んでいるということがバレています。

**優しい人は、選ばない人です。**

年配の人にも、かわいくない人にも、きちんと優しくできるのです。

さらに上のレベルが、「モノに対する優しさ」です。

モノにも「好きなモノ」と「好きでないモノ」があります。

「好きなモノ」には誰でも優しいのです。

自分が大切にしているフィギュアには優しく接します。

大切にしていないモノに対して、その人のホンネが出るのです。

「私は本が好きです」と言う人が本当に本が好きかどうかは、好きでない本を書棚に返す時にどうしているかでわかります。

ポンと投げたり、ぐっと棚に押し込んだりしている人は、本に対する優しさを持っていません。

それは「本好き」とは言えないのです。

茶道は、モノの扱い方が細かく決められています。

茶道のお作法はモノに対する優しさを教えています。

茶道の「名残手（なごりて）」は、モノを置いた時に衝撃を与えないように、手をそっと離すしぐさです。

名残手は、恋人と離れる名残惜しさと同じなのです。

私の実家はスナックです。

スナックのマスターは、グラスを持つ時に、グラスの底に小指を添えます。

置く時に小指が先に当たって、グラスがダイレクトに当たらないようにしているのです。

父親は、ごはんを食べている時も小指を下に添えていました。

私には、それがうつっています。

これがモノに対しての優しさです。


**自分に関心のないモノに優しくできれば、すべてのモノに優しくできます。**

その優しさから、色気が出ます。

「優しい」は、きわめて抽象的で、ぼんやりした言葉です。
それは「何に対して」ということで決まってくるのです。
関心のないモノに優しくすることから、その人のキャパの大きさが生まれるのです。

大人の「色気」を醸し出す方法

12

## 関心のないモノにも優しくしよう。

# 13

# 自分の至らなさに気づく人から、色気は出る。

「私は色気にはそこそこ自信があります」と言う人は、ナルシストです。

「ナルシスト」と「エレガントな人」とは違います。

**ナルシストは、「私はできている」と思っています。**

**エレガントな人は、自分の至らないところに気づいています。**

だから、「頑張らないと」と、謙虚でいられます。

ナルシストは、まわりから見ると、いやらしいのです。

「自分はまだできていない」と思うことで、常に「もっとよくするためにはどうすればいいか」という気持ちになるのです。

「自分は色気に自信がない」と言う人には、それだけ色気が出る素地があります。

むしろ、すでに色気があると考えていいのです。

色気のある人の方が悩んでいるという現象が起こるのです。


自分に色気があると思っている人は、逆に危ないのです。

ナルシストは、自分を鏡に映して見ています。

鏡には主観的に映るので、客観的に見ることができなくなります。

**色気のある人は自分を客観的に見て、「ここはダメだな。もっとここを頑張らないと」というところがわかっているのです。**

大人の「色気」を醸し出す方法

13

## 自分を客観的に見よう。

# 14

# 一発逆転は、自信のなさの裏返しだ。

色気は、自信から生まれます。

自信とは、コツコツできることです。

**コツコツできない人は、一発逆転を狙います。**

**一発逆転を狙っているのは、自信のなさの裏返しです。**

世の中には、

①色気のある人

②詐欺師

③一発逆転を狙う人

という3種類の人間がいます。

一発逆転を狙う人は、
詐欺師にだまされる。

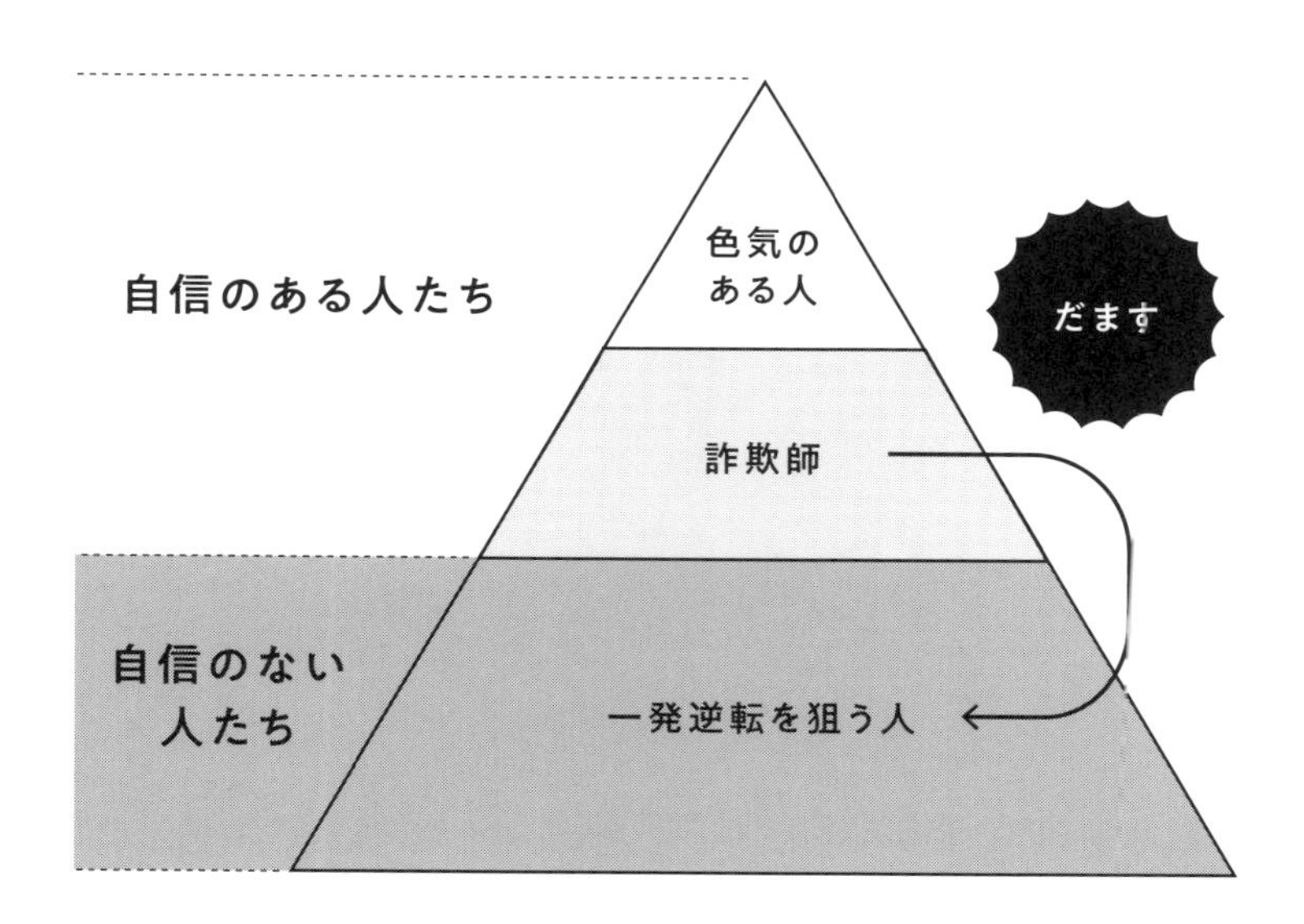

大人の「色気」を醸し出す方法

14

# 一発逆転を狙わない。

「色気のある人」と「詐欺師」には自信があります。

「一発逆転を狙う人」には自信がありません。

この自信のなさを詐欺師がだますという構造になっています。

**詐欺師は、人をだますために、コツコツしています。**

そうしないと、だませないからです。

**一発逆転を狙う人は、コツコツが嫌いです。**

ラクな方法で、一気にうまくいって、一気に儲かって、一気に有名になりたいと思っています。

焦る人は自信がないので、常にビクビクしているのにだまされるという不思議なことが起こるのです。

# 15

# 信念から、色気が出る。自分の神様を持っている。

信念を持つには、「自分の神様」を持てばいいのです。

私の家の母方の先祖は神社の仕事、父方は商売をしていました。

商売人は、どうしても信心深くなります。

ピンチになった時に、「この人のおかげで助けられた」ということがあるからです。

私は信心深い家庭の中で育っているので、自然と自分の中に信心があります。

**自信は、信心から生まれます。**

**自信は、自分を信じる力ではなく、自分の神様を信じる力です。**

大人の「色気」を醸し出す方法

15

# 自分の好きなものを信じよう。

私は本と映画が好きです。

私にとって、本と映画は裏切りません。

「映画は好きだけど、当たりハズレがある」とか「高い」とか言い始めると、その人は本もあまり信じていないのです。

信じないことが自信のなさです。

**「自分の神様が自分を守ってくれる」と思える力が、自信になります。**

まずは、自分の好きなものを信じることです。

何を自分の神様に持ってきてもいいのです。

それがその人の自信になり、色気になっていくのです。

CHAPTER 2

# 大人の色気は「リスク」から生まれる。

# 16

# パーティーは、品のある人がいないとわかれば、さっと帰る。

品は、色気のベースです。

**品のない中にいると、品のなさは伝染します。**

その場に品のない人しかいないというのは、一瞬でわかります。

品のある人は、ひと目でわかるからです。

どんなにオシャレな会場で、どんなに豪華な料理が出ていても、結局、パーティーは来る人で決まるのです。

ある会社の周年行事のパーティーに行った時には、品のある人は、１２００人中、たったの一人でした。

大人の「色気」を醸し出す方法

## 16
# 品のない人と、一緒にいない。

その一人と話をしたら、ほかの人とは話さずに帰っていいのです。
品のある人が一人もいなければ、品のある人はさっと帰ってしまいます。
品のある人が帰らないように、自分が品よくすることが大切です。
**色気のある人と一緒にいると、色気がうつります。**
**色気のない人といると、色気のなさも伝染するのです。**

# 17

## 色気は、夜ではなく、日中に生まれる。

色気が出るのは、太陽が出ている朝と昼です。

**色気のある人は、夜はウロウロしません。**

夜のクラブ活動の中では、色気はつかないのです。

なんとなく「夜の方が色気が出る」と思いがちですが、それは大きな勘違いです。

これは色気とワルとの混同が起こっているのです。

本来の色気は、もう少し昼間的活動の中にあります。

**色気のある人は、昼間に会う約束をします。**

一方で、色気のない人は夜に会う約束をします。
同じ夕方でも、色気のある人は、遅くとも6時という早い時間帯です。
色気のない人は立ち上がりが遅いので、8時集合とかになるのです。

大人の「色気」を醸し出す方法

## 17 夜、人と会わない。

# 18

# 色気のある人は、長居しない。

色気のある人は、長居をしません。

居つかないのです。

**スナックで色気のあるお客様は、さっと飲んで、さっと帰る人です。**

長居をされると売上げが上がりそうですが、長居しているわりには売上げにつながらないのです。

**高級店ほど、お客様の回転が速くなります。**

安いお店ほど、お客様の滞留時間が長くなります。

私の父親は、お寿司屋さんを3軒ハシゴします。

おなかがいっぱいになるので、お寿司ではなく、お刺身を食べています。

3軒ハシゴするということは、1軒当たりが短いのです。
銀座の高級店では、一流のお客様は15分で帰ります。
最近、飲食店の滞留時間が長くなってきています。
そこがスマホタイムになっているからです。

**長居は、「ここに残っていたら何かいいことがあるのではないか」という、物欲しげな姿勢です。**

**パーティーの後半になると、女性との出会いとか、商売のキッカケを期待している物欲しげな人ばかりになります。**

これが「引き寄せ」です。

イタリア大使館でのブルガリ主催のパーティーで、私は7時開始で7時少し前に行きました。

すると、ちょうど坂本龍一さんが帰るところでした。

これがカッコいいのです。

催し物で開場と開演の時間が分かれている場合は、色気のある人は開場する前から来ています。

**色気のない人ほど、遅れて来ます。**

この差があるのです。

**色気のある人は、開場から開演までの間に社交をしています。**

開演したら、乾杯のご発声・ご歓談まで何もできないからです。

一方で、会食・歓談から来る人もいます。

食べに来ているだけなので、お寿司の列に一番に並べればそれでいいのです。

そろそろ飲食が始まる時間にお寿司のそばにいて、場所をとっておきます。

料理に並ぶ人に色気はないのです。

大人の「色気」を醸し出す方法

18

## 早く行って、早く帰ろう。

# 19 色気は、口の固さから生まれる。

**色気は、内に秘めることから生まれます。**

**色気のない人は、ベラベラ話します。**

ベラベラ話すのは、その人の持っている情報量が少ないからです。

とにかく知っていることを全部話して、振り向いてもらおうと思っています。

「あいつは情報がない」と思われるのがイヤで、「よそで言わないで」とか「ここだけの話だけど」と言いながら、大切な情報まで話してしまうのです。

これが「口が軽い」ということです。

**色気のある人は、ＳＮＳをしません。**

ＳＮＳは、自分がしていることを、みんなに「いいね」と言ってもらう場です。

内に秘めている人は、インプットの量が圧倒的に多くて、アウトプットを制限していいます。

「アウトプットの量」が「インプットの量」を上回るのが、情報化社会です。

個人の一次情報ではなく、二次情報が圧倒的に増えています。

**色気のある人は、話の内容がすべて自分の体験です。**

色気のない人は体験量が少なく、ほとんどがまた聞きの二次情報になるのです。

ジャーナリストは、口が固くないとできない仕事です。

「ここまではオフレコで、ここからは発表する」というルールをちゃんと守ってくれるジャーナリストでないと、情報は入りません。

口の軽いジャーナリストには、誰も情報を話さないからです。

一流のジャーナリストは、多くのことを知りながら、公表していいことだけ公表しているのです。

大人の「色気」を醸し出す方法

19

## SNSをしない。

# 20

# 色気は、きちんとした着こなしから生まれる。

ワイシャツのボタンをはずし、靴のカカトを踏んでいる高校生がいます。

それがオシャレだと思っているのです。

着崩した方が不良っぽくて色気が出るというのは、勘違いです。

高校生には高校生なりの色気があります。

色気は年齢に対応します。

**高校生の色気は、一番上のホックまできちんととめて、帽子をきちんとかぶって、靴の紐（ひも）もきちんと締めて履（は）くことです。**

たとえば、料亭に上がる時は、玄関の三和土（たたき）で靴の紐をほどいて上がります。

帰る時には、女将さんと話しながら、靴の紐を締めます。

## 靴の紐をほどいたり締めたりする仕草に色気が出るのです。

色気のない人は、靴の紐を締めたまま脱ぎます。

履く時も、爪先をカンカンカンと蹴りながら履きます。

女将さんが靴ベラを渡しているのに、「大丈夫です」と言って使わないのです。

本来、「カンカンカン」という音は玄関では鳴らない音です。

ここで「この人は品のない人で、うちのお客様ではない」と判断されるのです。

クールビズとウォームビズで、きちんとした着こなしが崩れています。

結婚式もノーネクタイの人がたくさんいます。

一流ホテルの結婚式にすら、ノーネクタイの集団がいるのです。

私は、郷土の堺市で「堺・教師ゆめ塾」の塾頭をしています。

「堺・教師ゆめ塾」は、学校の先生を育てる塾です。

会場が学校なので、上履きを履いて、講堂で授業をします。

ある時、下駄箱のところで靴を履こうと思ったら、靴ベラがないのです。

私は「これはダメです。靴ベラを置きましょう」と言いました。

靴ベラがないということは、生徒がつま先をカンカンカンと打ちつけて履いていたのです。

そんな集団には混じりたくありません。

**靴にこだわりのない人は、自分の靴を踏まれても平気です。**

**だから、人の靴も平気で踏みます。**

1回でもカカトを踏むと、その靴は再生不能になってしまうのです。

海上自衛隊が船を出す時は、みんな正装用の制服を着て、見送りの人に敬礼して出ていきます。

港を出たら、すぐに作業着に着替えます。

きちんとした正装に色気があるのです。

「きちんとしていると野暮ったい。着崩している方がカッコいい」というのは勘違いです。

着崩してカッコよくなるためには、きちんとした着方の基本ができていることが大前提です。

**基本ができていないのに着崩すのは、ただ、だらしないだけです。**

**だらしなさから色気は出ません。**

男性から見ると、だらしなくてセクシーな女性は不潔感があります。

それなのに、なぜか自分も同じことをしてしまっているのです。

大人の「色気」を醸し出す方法

20

## 着崩さない。

# 21 色気は、姿勢のよさから出る。

**色気は、後ろ姿にあります。**

**姿勢の落差が大きく出るのが、後ろ姿です。**

新幹線を降りる時は、後ろ姿が並びます。エレベーターを待っていたり、信号待ちなど、前からよりも後ろから見られる方が圧倒的に多いのです。

**後ろから見ると、「色気のある人」と「色気のない人」が一目でわかります。**

後ろ姿は自分で見られないので、本人は無防備です。

昔あった三面鏡ですら、横までしか見ることができません。

ある意味、自分で気づかないので、逆に幸せです。

パーティーでは、来た人は演台の方を見ています。

みんな後ろ姿だから、1200人の中のたった一人が一目でわかるのです。

**色気的には、後ろが前です。**

後ろからの印象は圧倒的です。勝負は、顔ではなく、後ろ姿です。

**ふだん見られる側の人は、常に「見られている」という意識があります。**

皇室の方がきちんとされているのは、常にみんなに見られることで、目線に鍛えられているからです。

華道・茶道のお家元も、みんな姿勢がいいのです。

常にお弟子さんが見ていて、気を緩めることができないからです。

みんなが見ている時だけちゃんとしようとしても、いつ見られているかわかりません。

常に姿勢に気をつけることが色気なのです。

大人の「色気」を醸し出す方法

## 21 常に見られている意識を持とう。

# 22 色気は、人が採点する。

シンクロナイズドスイミングの井村雅代コーチは、選手を鍛える時に、ふだんの姿勢から直します。

競技には、

①タイムや距離を競う競技
②人間が採点する競技

の2通りがあります。

シンクロナイズドスイミングは人間が採点する競技なので、人からどう見られるかが重要です。

日本の新体操の選手がロシアに行きました。

ロシアのコーチはスパルタです。

小さい時からバレエでスパルタ教育をする伝統があるので、新体操もきわめてスパルタなのです。

最も厳しく直すのは、ふだんの姿勢です。

**ふだんの姿勢を徹底的に直すことで、自動的に本番でも姿勢がよくなります。**

ふだんの姿勢が悪いのに本番でよくなることは、ないのです。

色気も、シンクロや新体操と同じです。

**数値化できないかわりに、人が採点します。**

ふだんから気をつけておかないと、ココ一番で色気は出ないのです。

大人の「色気」を醸し出す方法

22

## 誰もいない時に、姿勢をよくする。

# 23

# 色気は、人と違うところから出る。

情報化社会は、均一化社会になっていきます。

「多様性の時代」と言われているのに、みんなが同じ方向へ行こうとするのです。

情報化社会の危険なところは、人と違っていることに非難が集まって、人と違うことを恐れるようになることです。

色気は人と違うところにあります。

均一化した社会では、上下の違いだけになります。

みんなが同じことをするようになると、「優劣」という上下の序列がつき始めます。

本来、違いには横も斜めも奥行きもあります。

大人の「色気」を醸し出す方法

23

# 人と違うことを、気にしない。

横の違いは、優劣では差がつきません。

「赤」と「緑」と「黄色」に順位がつけられないのと同じです。

同じ「赤」の中では、たとえば、「高級な赤」と「はげてくすんだ赤」では順位がつけられます。

「いいね」を集めようとした時点で、マジョリティーに入っていきます。

みんなと同じにすると、「いいね」と言われます。

みんなと違うと、「死ね」と言われます。

**違いを恐れていては、色気は出ないのです。**

# 24

# 色気は、リスクから生まれる。

男性は、リスクを取る時に色気が生まれます。

女性は、安心した時に色気が出ます。

男性は、リスクを取って危険を感じている時に最も色気が出るのです。

**安全第一の映画のヒーローは、ありえません。**

リスクを取れるのがヒーローです。

男性は、リスクを取った時に脳細胞が活性化します。

女性は、安心した時に脳細胞が活性化します。

**色気とは、脳細胞の活性化のことです。**

追い詰められた時には、通常できないことができるようになります。

大人の「色気」を醸し出す方法

24

# リスクを取ろう。

男性はヒーローが好きです。

できないことがあると、チャレンジしたいし、燃えるのです。

**情報化社会では、成功率を考えて、あえて勝負を避けるようになります。**

**どんどんリスクを取らない方向に進むのです。**

リスクを取っていくところに、その人の色気があります。

「リスク」と「色気」はセットです。

リスクなしに色気をつける方法はありません。

「リスクなしに」という発想自体、色気のない発想なのです。

# 25

# 色気は、昨日と違うところから、生まれる。

**色気のある人は、「前に会った時」と「今日会った時」とで違うのです。**

何かを足しても、違いはあまりわかりません。

何かを捨てた時に、大きく変わるのです。

過去にとらわれていると、ただ増やしていくだけになります。

何かを捨てたら、新しいものを入れなくても、それだけでガラリと変わります。

**「男子三日会わざれば括目（かつもく）して見よ」というのは、3日間の間に何を捨てられたかということです。**

たとえば、「カッコよくなりたい」と言うわりには、すり切れて繊維が出てしまった財布を持っている男がいました。

「おいおい、カッコよくなりたいんじゃないのか」と言うと、「これはブランドの財布なんです」と言うのです。

ブランド品だから、すり切れるまで持っていたわけです。

しかも、使わないカードや、二度と行かない回数券などで、財布がパンパンになっています。

その時点で、その人は何も捨てていないのです。

後日、その男に「ところで、財布はどうした?」と聞くと、「買いました」と言うのです。

見せてもらうと、たしかに財布は薄くなっていましたが、何も入っていません。

前の財布をまだ使っているのです。

それはモノが増えているだけです。

この時点で生まれ変われないのです。

新しいモノを買ったことで生まれ変わるのではありません。

大人の「色気」を醸し出す方法

25

# 過去にとらわれない。

**前のモノを捨てた時点で生まれ変わるのです。**

捨てるのは、過去の間違ったモノではありません。

過去、正しかったモノです。

間違ったモノは誰でも捨てられます。

自分が今持っているモノは、すべて正しいモノです。

ただし、その中には過去の正しいモノも混じっています。

過去の正しいモノを捨てて、現在の正しいモノを持つことが、過去にとらわれないということです。

まず捨てないと、入らないのです。

「この人、変わった」というのは、何かを捨てた瞬間です。

捨ててできた空間に色気が入ってくるのです。

# 26

# 色気は、何もない空間から生まれる。

安いお店は、品物をギューギューに置いています。
ブランドショップは、棚に1個とかしか置いていません。
表参道の高い家賃を払いながら、もったいないなと思うぐらいです。
あの何も置いてないところから色気が出るのです。
コシノジュンコさんのご自宅に伺うと、何も置いていません。
高級ホテルにも何も置いていません。
オシャレなところはモノが少ないのです。
安いホテルに行くと、カウンターにびっしりチラシが並んでいます。
部屋に入っても、マッサージのチラシまでびっしり並んでいます。

色気は、何もない空間から生まれます。

部屋にも時間にも、何もない空間をつくることが大切です。

手帳がびっしり埋まっている人は、本人は「今日は会議に4つも行かなければいけない」とか「夜の飲み会が3つも入っちゃって」と言って自慢します。

ここには色気がないのです。

**色気のある人は、手帳が真っ白で、スケジュールが埋まっていません。**

「この後、あいてますか」と聞くと、「あいてます」と答えます。

ヒマなのではありません。

それだけホワイトスペースを持っているということです。

**色気は、余白にあります。**

ギューギューに入れると、たとえ豪邸でもディスカウントショップに見えてしまいます。

人間も同じです。

「この後、あいてますか」と聞いた時に、一流の人ほど「大丈夫ですよ」と言ってくれます。

軽やかなのです。

それを「ヒマ」ととらえるのではなく、「余裕がある」ととらえます。

これは心の問題です。

スケジュール帳が白いと不安になる人がいます。

「自分は世の中から求められていない」とか「社会的に貢献できる存在ではなくなった」という心配が起こります。

ギューギューにスケジュールが埋まって忙しくなることで、自分を確認しようとするのです。

そういう人に色気はないのです。

大人の「色気」を醸し出す方法

26

## 余白を持とう。

# 27

## 慣れているところから、色気は生まれる。

仕事ができるかできないかは、その仕事に慣れているかどうかによります。

ピンチに強いかどうかは、ピンチに慣れているかどうかによります。

女性の接し方がうまいかどうかは、女性に慣れているかどうかによるのです。

セクハラ事件は女性に慣れていない人が起こしています。

原因は、距離感がわからないからです。

女性に慣れている人は距離感がわかっているので、セクハラ問題は起こしません。

距離感のわからない人は、ちょっとしたことで「自分に気があるのではないか」と勘違いします。

セクハラで訴えられた人たちは、必ず「合意の上」と言うのです。

実際は相手との距離は遠いのに、自分的には近く感じたのです。

距離感を取り違えるのは、慣れていないからです。


エロおやじが年がら年じゅうセクハラばかりしているような印象があります。

エロおやじは距離感がわかるので、今日していいことと、してはいけないことがわかっています。

**セクハラは、エロおやじではなく、エロおやじになりたかった、まじめな人が起こすのです。**


老人ホームで、女性のお尻ばかりさわっている人気のおじいちゃんがいます。

子どもの時からそういうことばかりしていたので、タイミングとか相手の気分とかは全部わかっています。

これが慣れているということです。

大人の「色気」を醸し出す方法

## 27 慣れるまで、修業しよう。

**モテない人は、モテることに慣れていません。**
**つきあうことにも、女性にも慣れていないのです。**

私が女性向けの本が書けるのは、実家がスナックで、子どもの時から住み込みのお姉さんたちに取り囲まれて暮らしていたからです。

女性が日常化していたのです。

男兄弟で育った男性になかなか恋人ができないのは、女性とどう接していいかわからないからです。

慣れるまでは、修業です。

慣れていることに、色気があるのです。

# 28

## 色気は、エスコートから生まれる。

色気のない人は、エスコートに慣れていません。

**エスコートは、家庭で親が教えることです。**

エスコートを教わっていない人は、自分がエスコートされる側にまわろうとします。

「どうしたら自分が立ててもらえるか」という意識になるのです。

会社の中でそこそこ偉くなってくると、「どうしたら自分が立ててもらえるか」ということばかり考えるようになります。

スナックでは、お客様をどう立てるかということを第一に考えます。

客商売で、お店側が目立とうとするのはおかしいのです。

**相手を立てることは、エンターテインメントです。**

一緒に食事に行って、連れを立てることが楽しいのです。

これが男性には難しいのです。

男性は、勝つか負けるかの競争社会で生きています。

女性は、お互いに立て合うことができます。

難しいのは、男性と女性が食事に行った時です。

女性は男性を立ててくれるのに、男性は女性に勝ちに行こうとするのです。

たとえば、女性が男性の上司をおいしい焼鳥屋さんに連れていきました。

女性が「おいしいでしょう?」と聞くと、上司は「君はまだ本当のつくねがわかっていないいな」と言うのです。

「おいしい」と言ったら負けだと思っているのです。

ここで「おいしい」と言ってしまうと、自分より年下の小娘に負けて、自分が全否定された気持ちになるからです。

大人の「色気」を醸し出す方法

28

# 「おいしい」と言おう。

余裕のある人は、「おいしいね。こんなの食べたことない」と言えるのです。

「おいしい」は、男性の苦手な発言です。

言えるのは１００人に１人です。

**「おいしい」と言える人が色気があるのです。**

言えない人にとって、「おいしい」は敗北を意味します。

そういう人は、「君は○○という店を知ってる？」と言って、すぐに勝ち負けへ持っていくのです。

# 29

## 勝ちからは、色気は出ない。

「おいしい」は共感です。
共感できることが色気です。
勝ったから色気が出るわけではありません。
色気があるのは、むしろ敗者です。
スポーツでも、敗者に色気を感じます。
歴史上の人物も、判官びいきで敗者に色気を感じます。
ドラマのつくりは、すべてそうなっています。
スポ根でも、敗者が主役です。
主人公が負けるのです。

大人の「色気」を醸し出す方法

29

# 勝とうとしない。

**色気のある人は、自分が脇役にまわって、相手を主役にします。**

色気のない人は、食べ物屋さんで、勝者になろうとします。

焼鳥屋さんのご主人にも勝ち負けを挑んで、「ご主人、この店と○○というお店のどっちがおいしいの」と言うのです。

それは答えようがないし、お店の人から嫌われます。

第一、失礼です。

一緒に行った連れにも引かれます。

勝ちからは、色気は出ないのです。

# CHAPTER 3

# 大人の色気は「微笑み」から生まれる。

# 30

# 季節感がある。「もう」が季節感だ。

便利な社会になると、季節感はなくなっていきます。

季節感は、「まだ」と「もう」の違いです。

たとえば、衣替えの時期に、ぼちぼち暖かくなってきているのに、まだコーデュロイを着ている人がいます。

寒の戻りがあると、「よかった。クリーニングに出さなくて」と言うのです。

梅雨のころになっても、まだ着ています。

**色気は、季節の先取りから生まれます。**

ショーウィンドーは、季節が圧倒的に早いのです。

**「もうそんな季節ですね」と、みんなに気づかせる役割になっています。**


木枯らし1号が吹くと、「もう冬か」と思います。

キンモクセイの香りが一瞬漂うと、「もう秋か」と感じます。

一瞬春一番が吹くと、「ぼちぼち確定申告の季節か」と思うのです。

春一番とか、木枯らし1号とか、「一番」のところに季節感があります。

色気は、季節のド真ん中にはありません。

季節と季節との変わり目にあるのです。


俳句の『歳時記』の季語は、夏なら、初夏・盛夏・晩夏があります。

季節感を一番感じるのが、初夏です。

初夏は、やっと春が終わって夏が来る時期です。

早春は、やっと冬が終わって春が来る時期です。

前の季節の終わりから次の季節の頭で季節を先取りするところに、季節感があるのです。

大人の「色気」を醸し出す方法

30

# 今日の季節に合わせたスーツを選ぼう。

お雛様をずっと飾り続けている人には季節感がありません。

**お雛様を早く出すことが、その人の季節感であり、色気です。**

自然界の色気は季節感にあります。

それは前の季節を引っ張ることではありません。

世の中の99％が前の季節を引っ張っている時に、１％に春の風を感じられることが色気なのです。

# 31

# センスのいい人のコメントを基準にする。

**「いいね」をたくさん集めることの問題点は、色気のない人のコメントがたくさん来ることです。**

世の中には、「色気のある人」より「色気のない人」の方が多いのです。

「いいね」をたくさん集めるのは簡単です。

ダサくすればいいのです。

オシャレになればなるほど、わかる人が少なくなって、「いいね」の数は減ります。

どちらを取るかです。

大人の「色気」を醸し出す方法

31

# センスの悪い人のコメントを気にしない。

「いいね」が入らないことだけではなく、まわりから「その服装、ちょっとヘン」と言われることに対して、ついビクビクしてしまいがちです。

まわりは、みんな色気のない人たちです。

そんな人たちが言うことは気にしなくていいのです。

そんなことより、まずは自分の色気の師匠を決めて、その師匠の目を基準に考えた方がいいのです。

# 32 プールサイドで、スーツで打ち合わせができる。

オシャレな場所では誰でもオシャレな格好をします。
ここには別に色気はありません。
**オシャレをしなくてもいいところで、どれだけオシャレができるかです。**
たとえば、「プールサイドで打ち合わせをしましょう」という話になりました。
これ自体がすでにオシャレな行為です。
その時に、短パンとビーサンで来てしまう人がいます。
プールサイドに合わせた格好を考えたのです。
『007』のジェームズ・ボンドは、プールサイドでもタキシード姿です。
プールサイドの打ち合わせにスーツで来るからオシャレさが立つのです。

TPOというと、プールに合わせてレベルダウンすることを考える人がいます。場に合わせて服装をレベルダウンする必要はありません。上であることに対してはまったく問題ないのです。

**ドレスコードとは、下限であって上限ではありません。ドレスコードを上限に感じてしまうのが色気のない人です。**

どんなにオシャレをして行っても大丈夫なのです。

お宅にお邪魔する時は、お招きいただいたことに対してのリスペクトとして、きちんとした格好で行きます。

カジュアルな格好で行く人は、相手に対してのリスペクトがないということです。

これはレストランでも同じです。

料理をつくってくれる人に対してのリスペクトとして、きちんとした格好をしてお店に行きます。

大人の「色気」を醸し出す方法

32

## 遊びの場で、きちんとした服装をしよう。

たとえそれが安いお店でも関係ありません。

「ここは安いお店だから安い服でいいだろう」と、料理の値段に合わせてしまうのは失礼です。

どのお店でも、つくり手の気持ちは同じです。

お店によって食材原価が変わるだけで、「おいしいものをつくろう」という気持ちは変わらないのです。

食材原価に合わせて着て行く服装のレベルを落とすのではありません。

つくり手の職人さんのスピリットに自分の服装を合わせるのです。

# 33

# 「話を聞いてほしい」と言う人は、聞いてもらえない。

「どうしたら部下に『あの人の話を聞きたい』と思ってもらえるでしょうか」と聞く人がいます。

話したいと思っている上司の話は、部下は聞きたくありません。

**「聞いて聞いて」と言う人の話は、誰も聞きたくないのです。**

教わる時も同じです。

なかなか教えてくれないから教わりたいのであって、「教えてあげようか」と言う教え魔の人からは誰も教えてほしいとは思わないのです。

自分の中で「どうしたら聞いてもらえるだろうか」という気持ちがあるうちは、聞いてもらえません。

聞き手は、「話したくない」と言う人の話を聞きたいからです。

「あの人は聞いたら教えてくれるけど、聞くまで黙っている」というところに色気があるのです。


上司から部下を見ると、教えたいことはたくさんあります。

話し手の話したいタイミングで話すのではなく、聞き手が「今この話を聞きたい」というタイミングまでガマンして待つことが大切です。

聞く気持ちができていないところで教えてしまうと、ムダになるからです。

せっかくのいい言葉も耳に入りません。

聞き手のタイミングがあるのです。

「危ないな。これ、教えてやりたいけど、まだ本人が教わりたいという気持ちになっていない。今ここで言うと逆に反発してしまう」と感じた時は、まだ話さなくていいのです。

聞きたくない時に中途はんぱに聞いてしまうと、「ああ、その話は前にも聞いた」と聞き流します。

それによって、聞き手は一生のチャンスを失うのです。

大人の「色気」を醸し出す方法

33

# 「聞いてほしがり」にならない。

# 34

# 色気は、忍耐力から生まれる。

教える側に必要なのは、
①何回も同じことを言わなければならない
②相手の機が熟すまで待つ
という2つの忍耐力です。

「何回も」よりも「待つ」方がきついです。

それでも、唇を噛（か）みしめてグッと待ちます。

この忍耐力の中に色気が生まれるのです。

内側の力が大きくて外へ出る分が少なかったり、インプットの量が多くてアウトプットの量が少ないという内圧と外圧の差がポイントになります。

発電をする時は、この落差の圧力で電力が生まれます。

それと同じで、圧力が色気になっていくのです。


**思ったことをそのまま口に出す人に、色気はありません。**

インプットの量が少ないのに、それを全部ダダ漏れにしている人に色気は感じません。

人間の声に色気が生まれるのは、内側にエネルギーが大量にあって小さい声で話す時です。

体の楽器で凄い力をかけながら、凄く小さい声を出すのです。

大声で話す人には色気はないのです。



34

## 思ったことを、口にしない。

# 35 面白いことがなくても、微笑んでいる。

色気は、微笑みから出ます。
45歳を過ぎると、笑わない人はまったく笑いません。
笑う筋肉が退化してしまって笑えないのです。
笑ったら負けだと考えています。
オヤジがオヤジギャグを言うのは、笑わせた方が勝ちだと思っているのです。
笑ったら負けで、笑わせたら勝ちというところに勝ち負けを持ち込んでしまうのです。
ここは女性と違うところです。
**女性は、一緒に笑うことが大切です。**

男性は、相手が言ったネタで自分が笑うと、相手の方が面白いと認めて、自分は負けたことになるので、かみ殺しても笑いをガマンします。

そのシーンがすでにギャグです。

自分の方が面白いと思ってオヤジギャグを言いますが、たいして面白くありません。

ますます笑えないのです。

**面白いことを言える人は、相手の話でも笑える余裕があります。**

自分が面白いことを言う自信がなくて、相手のところで笑ったら、あとはオヤジギャグと下ネタしか残っていないのです。

微笑みはトレーニングが必要です。

トム・クルーズの笑顔は最高です。

トム・クルーズは、ふだんから「どうしたら感じのいい笑顔ができるか」と、死ぬほど特訓しています。

最高の笑顔は学習で得たものなのです。

そこにいやらしさはありません。

笑顔は、練習しないとできないのです。

勝手に笑えるというものではないのです。

**泣くことは自動的にできますが、笑顔は学習です。**

赤ちゃんの笑顔は、母親から学習して身につけます。

お母さんが笑っていないと、赤ちゃんは笑えなくなるのです。

大切なことは、今までどれだけ笑ったかです。

人の話に笑っている回数が少ない人は、どうすれば笑顔になれるかがわかりません。

笑顔は、体を鍛えるジムのトレーニングと同じです。

反復回数が少ないと、ムリにつくった営業スマイルや引きつったような笑いになってしまいます。

ベースとして、ふだんから微笑んでいることです。

「面白くないのになんで笑わなくちゃいけないんだ」「くだらないことしか言っていないじゃないか」と、ムッとしないことです。

女性の話は、男性からするとくだらない話なのです。

女性の話を聞いている男性は、「面白かったら笑うよ。今は面白くないな」となりがちです。

「面白かったら笑う」と言っていると、面白く感じなくなります。

面白く感じるセンサーがぼけてくるからです。


話は、笑うことによって面白くなるのです。

聞き手が笑ってくれると、話し手がのってくるので面白い展開になります。

聞き手が笑わないと、話し手の勢いがそがれてしまいます。

話し手は面白い話ができなくなるから、ますますつまらなくなって、聞き手は笑う必要がなくなります。

大人の「色気」を醸し出す方法

35

# いつも、微笑んでいよう。

そうすると、顔の筋肉が退化してどんどん下がってしまいます。
ふだんからよく笑っている人は、顔の筋肉が上がります。
あまり笑っていない人は、顔の筋肉が重力に従ってどんどん下がっていくのです。

# 36

# アイコンタクトとは、見ることではなく、目線を返すことだ。

色気は、目から出ます。

男性が苦手なのがアイコンタクトです。

「アイコンタクトしてごらん」とアドバイスすると、にらんでしまうのです。

「にらむ」と「アイコンタクト」とは違います。

相手をにらむと、海外では撃たれます。

外国人がアイコンタクトをするのは、「あなたに敵意はありませんよ」と言うためです。

色気のない男性は、本当は色気が出る目線のアイコンタクトをしないのです。

**アイコンタクトは、受けるものです。**

キャッチボールで言うと、相手が目から投げてきたボールをキャッチすることがアイコンタクトです。

全力で投げることだと思うのは勘違いです。

アイコンタクトは、相手が投げてきた目線を受けて返してあげるものです。

自分はピッチャーではありません。

キャッチャーの側です。

色気のない男性はピッチャーのつもりでいるのです。

しかも一球勝負で、ボールが返ってくるとは思っていません。

キャッチャーが返した時には、すでに見ていないので受け取りません。

キャッチボールになっていないのです。

たとえば、パーティーで、知り合いの女性を見つけてアイコンタクトを送ることがあります。

知り合いならまだいいのです。

知らないきれいな人がいた時に、その女性を見ていました。

人間は、目から何か出ているので、見られていると気づきます。

その女性が男性の目線に気づいて、見返しました。

すると、「しまった。見てるのがバレた」と見ていないフリをして、ボールが目の前まできているのにスッとよけるのです。

「見ているのがバレて、いやらしい男だと思われてはいけない」という気持ちになるからです。

そういう人に限って、アイコンタクトに慣れていなくて変にウインクしたりするのです。


これはアイコンタクトを勘違いしています。

「きれいな人がいるな」と思って、知らない女性を見た↓女性が見返してきた↓その目線を受けてまた返してあげるということができるだけでいいのです。

ウインクは必要ないのです。
キャッチボールは、投げてきたボールを受け止めて、投げ返すことで完結するのです。

大人の「色気」を醸し出す方法

36

## アイコンタクトを、返そう。

# 37

## こだわりのある便箋・封筒を使っている。

手紙を送る時に大切なことは、便箋と封筒です。
色気のない男性は、会社で使っている茶封筒を私用に使います。
集金袋に使うような茶封筒で鉛筆書きのファンレターが来ることがあります。
いい大人が社用封筒で手紙を送るのはおかしいです。
色気のない男性は、それに何も違和感を感じません。
茶封筒に限らず、白くても会社の封筒はNGです。
会社の封筒はすべて仕事用のものです。
**色気のある人は、便箋・封筒、一筆箋を選び、筆記具も万年筆や筆を選びます。**
ここに余裕が生まれます。

仕事用の封筒で手紙を送るのは、まだメールの延長線上の感覚なのです。

色気がないのは、プリントアウトしたものに名前だけ書いてある手紙です。

それなら、きちんとした文章ではなくても、ひと言でもいいから手書きしてある方が色気があります。

色気のある人は筆で書きます。

一流の経営者に多いです。


企業の経営者の場合は、秘書がつくった文言に名前だけサインしている人と、手書きの人とに分かれます。

研修に行っていろいろな経営者に会った後は、お礼状が届きます。

お礼状は同時に届くので差がつきます。

秘書がつくって印刷したお礼状と、手書きのお礼状にくっきりと分かれます。

そこで達筆である必要はまったくありません。

筆でいちいち書いていると、効率は悪いです。

それでも、「わざわざ自分に手紙を送るためにこの便箋を選び、この封筒を選んでくれたんだな」という感覚がうれしいのです。

その時は季節感も意識します。

「冬のさなかに金魚かい？」というのでは、色気がありません。

私の師匠・藤井達朗は、大原麗子さんのサントリーレッドのＣＭ、「少し愛して、長く愛して」をつくりました。

師匠は、大原麗子さんに出演してもらうために、直筆の手紙を書いたのです。

直筆の手紙には色気があります。

印刷物には色気は何もありません。

本来、書いた文字には何かが宿っているのです。

『源氏物語』の光源氏は、つきあう前に相手に手紙を送ります。

さらには、「後朝(きぬぎぬ)の文(ふみ)」というものがあります。

平安時代は通い婚なので、夜、男性が女性のもとを訪ねて、明け方までに帰るわけです。

普通は、明け方に帰った男性はすぐに寝ようとします。

そこで寝てしまうと、光源氏にはなれないのです。

そこから歌を書いて届けたのが「後朝の文」です。

一番寝たい時に、グッと踏ん張るところに『源氏物語』の色気があるのです。

貴族はそれを当たり前のようにしていたということです。

眠いからといってグーグー寝ていたのでは色気は生まれないのです。

大人の「色気」を醸し出す方法

## 37

## 仕事用の封筒で手紙を書かない。

# 38

## 知性・胆力・信仰・見た目・声の師匠を持っている。

ＮＨＫで「ＮＣ９（ニュースセンター９時）」のニュースキャスターをされていた磯村尚徳（いそむらひさのり）さんに「エレガントになるためにはどうしたらいいでしょうか」と、伺いました。

たったひと言、「生まれ」とおっしゃいました。

「出自（しゅつじ）」と言われては、身もふたもありません。

「ただし、逆転のチャンスはあります」と教えていただきました。

出自のいい人は、子どもの時から家庭教師にいろいろなことを教わっています。

それと同じように、自分に家庭教師をつけて、大人になってからでも勉強すればいいのです。

その要素は、知性・胆力・信仰・見た目・声の5つです。

いいところの子弟は、子どもの時からこれらを鍛えているのです。

マクロン大統領は、16歳で、25歳上の演劇部のブリジッド先生を好きになりました。

16歳の天才少年が好きになったのが演劇の先生だったというところに価値があるのです。

バリバリの知性に演劇の力を入れたら最強です。

将来大統領になるために育てられたようなものです。

好きになったのが数学の先生では、最強になれません。

数学はバリバリにできる人間が演劇の先生を好きになったことに意味があるのです。

フランスでは、上流階級の子どもに、最初に詩と演劇の先生を家庭教師につけます。

それで詩の朗読を教え、演劇でマナーを教えるのです。

マナーとは、演ずることだからです。

イギリスでは、ボールルームダンスの先生がマナーの先生です。

上流階級はみんなボールルームダンスの先生がマナーを教えます。

フランスでは、演劇の先生が立ち居ふるまいを教えます。

ダンスはバレエの先生が教えます。

後にエレガントと言われている人たちは、みんな自力で勉強して逆転していったのです。


ケネディ大統領は、一見いいとこのお坊ちゃんに見えます。

実際はアイルランド出身のカトリックなので、アメリカでは上流階級に行けません。

プロテスタントでないと上流階級に行けないのです。

ケネディ大統領のお父さんは、禁酒法時代にお酒を売って稼いだ人で、世間的には上流階級ではありません。
胆力の人・サッチャー首相は、中の下の出自で、会話は中の下のクラスの英語です。
その英語を、ボイストレーナーをつけて直しました。

大人の「色気」を醸し出す方法

38

## 自分で先生を持とう。

# 39

# 色気は、謙虚な気持ちから生まれる。

信仰の力があると、謙虚になります。

「謙虚」は色気なのです。

「傲慢」には色気がありません。

謙虚から、相手に対するリスペクトが生まれるのです。

45歳を過ぎると部下を持つ人が増えます。

部下に言うことを聞かせる方法は、

①「あの人に逆らったら怖いから」と怖がらせる

②「あの人みたいになりたい」という魅力的な人間になる

という2通りがあります。

怖がらせるのは独裁政権です。
笑わない上司は、部下をビビらせているわけです。
叱ったり怖がらせていたのでは、部下はついてきません。
**リスペクトが生まれるのは、謙虚な気持ちがあるからなのです。**

大人の「色気」を醸し出す方法

39

## 謙虚な気持ちを持とう。

# 40

## 服装をきちんとしないと、話を聞いてもらえない。

見た目がよくないと、その人の話を聞こうとは思わないのです。

萩本欽一（はぎもときんいち）さんはTVに出始めのころ、お笑い芸人だからと、カッコつけた格好をしていませんでした。

プロデューサーの人に「それだと、女性は笑ってくれないし、話も聞いてもらえない」と言われたそうです。

私は、TVのコメンテーターをする時には、きちんとした服装をします。

きちんとした服装をしていると、TVを見ている人が話を聞いてくれるのです。

「番組的にも予算がかかっているように見える」と、プロデューサーからも喜ばれます。

大人の「色気」を醸し出す方法

40

# 服装をきちんとしよう。

**わざと個性を出そうと思って崩した服装をしても、女性からは支持されません。**

特に女性は服装で相手を評価します。

講演会に行っても、アンケートで多いコメントは、「服がオシャレだった」「姿勢がよかった」「声がよかった」「肌のツヤがよかった」などという見た目に関することです。

いい話をしていても、話の中身について感想が出るのは、やっと5番目です。

見た目が主たるものになります。

見た目がきちんとしていないと、話を聞いてもらえないのです。

# 41

## みんなが心地よい声で話す。

声は、トレーニングで鍛えられます。

トレーニングをしないと、本来のいい声が出せなくなってしまいます。

滑舌(かつぜつ)がよくなるということではありません。

聞いていて心地よい声にしないと、色気は出てきません。

特に女性は、視覚情報・聴覚情報・接触情報・嗅覚情報・味覚情報といった五感すべてに鋭いです。

男性は、視覚情報オンリーです。

そのため、音声は手抜きになります。

今自分が心地いい声で話しているかどうか気にしないのです。

たとえば、お坊さんはいい声で話します。

お坊さんは、読経（どきょう）や声明（しょうみょう）で声を鍛えます。

声をよくしないと、お話をした時に檀家の人たちが「ありがたい」と聞いてくれないのです。

庶民にとって、お坊さんはロックミュージシャンです。

声を聞きに行く庶民のために、お坊さんは声を鍛えるのです。

私の実家のお寺で法事をする時のお坊さんは、私のおじいさんが「声がいいから」と、その人にお願いしました。

お坊さんは声を鍛えるのも修行の一つなのです。

教会では神父さんや牧師さんが聖書の中のいいお話をしてくれます。

声がよくないと、聞いている人は「いい話だな」と思わないのです。

結婚式の時にみんなで歌う賛美歌も、いい声です。

教会の中は、声がいい具合に反響するように音響が考えられています。

それぐらいい声が大切だということです。

**たとえいいところの生まれでなく、親が家庭教師をつけてくれなくても、見た目や声は、自分で先生を見つけて勉強していけば、キャッチアップできるのです。**

大人の「色気」を醸し出す方法

41

## いい声が出るように鍛えよう。

CHAPTER 4

# 大人の色気は「覚悟」から生まれる。

# 42

## みんなが行かないところに、旅行している。

色気のある人は、「なんでそんなところへ行ったの?」と言われるようなところを旅行します。

ニューヨーク、パリ、ロンドンに旅行する人は多いのです。

ナミビアを旅行した人に、「なぜナミビア?　仕事?」と聞くと、「いや、プライベートです」と言われました。

プライベートで、ナミビアを旅行先に選ぶ人はなかなかいません。

色気は、「なんでそうしたの?」と、理解できないところにあるのです。

「仕事でナミビアに行く」というのは理解できる世界です。

プライベートでナミビアに行った人がいると、「どういう事情なんだろう」と興味が湧きます。

旅行に行くなら、みんなが行くところではなく、みんなが行かないところに行けばいいのです。

「最近どこかに行かれました？」と聞かれた時に、「先週ナミビアに行ってきて」と答えるだけで「この人は世界中を旅行しているな」と思われます。

メジャーどころに行っていなくてもいいのです。

**ミステリアスな部分には、色気があります。**

それなのに、今の世の中はわかりやすい方へ行こうとしているのです。

「中谷さん、スポーツは何をしているんですか」と聞かれて、

「僕、ボールルームダンスをしています」

「社交ダンスですか。なんで？」

と言われるのが好きです。

「競技ボウリングです」と言うと、「何ゆえ？」と言われるのが好きです。

ゴルフでは当たり前になるからです。

みんながしていないことを、どれだけするかが勝負です。

みんなに評価してもらいたいなら、みんなが知っているゴルフをしておくのが無難です。

ゴルフは上手な人がたくさんいます。

「やっぱりね」と、わかりやすいことは色気につながらないのです。

なんとなくみんなにわかってもらいたいという気持ちは、色気と真逆のところにあります。


色気のある人は、「これのよさがわからないんだよね」と、わかってもらえないことに喜びを感じます。

中谷塾に来ている多田雄揮さんは、ミミズクが趣味です。

「何ゆえ？」と不思議に思いますが、ミミズクの話なら一日中でもしています。

ミミズクカフェもあります。
持っているモノは全部ミミズク関係です。
ミミズクの話をし始めた瞬間に人格が変わります。
ふだんは無口ですが、ミミズクの話になると、急にスイッチが入って雄弁になります。
誰かがミミズクとフクロウを間違えた日には、大変なことになるのです。
**評価を放棄してマイナーなことをしておくことが、色気になります。**

大人の「色気」を醸し出す方法

## 42

## みんながしないことをしよう。

# 43

## 損得より、好き嫌いで選ぶ。

色気のない人は、「これをしたら得、これをしたら損」と、すべてムダなく生きています。

損得の軸できっちり分けているので、わかりやすいです。

お金のために生きている人は、簡単につきあえるのです。

好き嫌いで生きている人はなかなか手ごわいです。

**損得の放棄が色気になるのです。**

「私も好き嫌いで生きています」と言う人に、「好きなことを選んだ時に損するとなったらどうします？」と言うと、「それは避けたい」と言われました。

損しない範囲で好きなことをしたい人は、「損しない範囲で」を優先しています。

損得勘定が先なのです。

色気のある人は、損得を度外視しています。

損をしていいから好きなことを選ぶのです。

色気のない人は、「これをすると儲かるよ」と言われると、好きではないことでもしてしまいます。

本当は嫌いなのに、断れないのです。

この誘惑は強いです。


「儲かるけど、好きではないこと」をし始めると、色気がどんどんなくなります。

**やがては自分が何を好きだったかがわからなくなるのです。**

占い師さんは、鑑定料が入り始めた瞬間に占い能力が消えていくと言われています。

たとえば、お金持ちの人が「前世を占ってください」と来ました。

パッとしない前世が見えても、30分で50万円の鑑定料をもらっている人には、「ある国のお姫様です」と言わざるをえないわけです。

「お城が見えます」と言った瞬間に、「お城ですか！」とうれしそうな顔をされたら、「普通の人です」とは言えません。

そのために前世占いの結果はお城関係が多いのです。

実際の前世は、みんながお姫様と王子様というわけではないのです。

大人の「色気」を醸し出す方法

43

## 損をしてでも、好きな方を選ぼう。

# 44

# 覚悟がある。覚悟とは、返金を求めないことだ。

色気は、覚悟から生まれます。

「覚悟」とは「返金を求めないこと」です。

たとえば、旅行を申し込みました。

その旅行に行けなくなりました。

その時、「すみません、申し込んだ旅行に行けなくなったので振り込んだお金を返してもらえますか」と言う人は覚悟がありません。

「旅行に行こうと決めた」→「行けなくなっても、申し込んだことでワクワクして楽しんだ」でいいのです。

これを「覚悟」と言います。

いざ行けなくなって「お金を返してください」と言うのは、「覚悟」ではないのです。

私のスーツは、講演でホワイトボードに書く時に肩が出ないようにしてあります。

このスーツをつくるのは大変なのです。

職人さんと仮縫いを何回も繰り返して修正しなければなりません。

修正の最中に、「これ以上スーツの肩を消したら手が降ろせなくなります」と言われました。

私は「手が降ろせない状態になってもいいです。お金を返せとは言わないから思いきってつくってください」と答えました。

これが職人さんと買う側の覚悟の共有です。

モノをつくる時は、覚悟を持ってつくることが大切なのです。

旅行に行くことは、人生の一つの典型です。

その人がどう生きているかがあらわれます。

旅行を申し込んだ後は返金を求めないことです。

習いごとでも、行けなかった時に「返金してもらえますか」と言う人がいます。

よくあるのが「別の日に振り替えしてもらえますか」というお願いです。

こういう人は覚悟が足りません。

「みんなで集まってごはんを食べよう」と誘われた時に、「行けたら行く」と言う人がいます。

「行けたら」では、相手に失礼です。

勉強する時でも「今ちょっとバタバタしているので、時間ができたらします」と言う人は覚悟がありません。

お金を払ったものに行けなくても、返金を求めないところにその人の色気が生まれます。

覚悟と隣接しているのは、お金です。

「ムダになったらどうしよう」と考えないことです。
そのものに対してのリスペクト・期待感・プロセスを楽しむという気持ちがあれば、お金は切り離して考えることができるのです。

大人の「色気」を醸し出す方法

44

## 返金を求めない。

# 45

# 「みんなができないこと」ができるのに、「みんなができること」ができない。

色気とは、突出して何かができることだと思いがちです。

天才のイメージは、人並みすぐれて何かができる、万能の天才というのがよく頭に浮かびます。

天才の色気は、「みんなができないことが、できる」ことです。

と同時に、「みんなができることが、できない」ことです。

これがかわいらしさになるのです。

それが45歳以上の男性は苦手なのです。

「できないものを見られて、ダメなヤツだと思われたらどうしよう」と考えて、できないことをひた隠しに隠すのです。

みんなができることができて、できないことができないというのは普通です。

それよりは、できないことができて、できることができない方が色気が生まれます。


私の弱点は、よく買ったチケットを紛失することです。

たとえば、美術館に入る時に入場券を買います。

もぎりのところに行ってチケットを見せます。

この間にチケットがなくなります。

入場券売場と美術館の入口は、見える距離で、すぐそばです。

それなのに、チケットがないのです。

「ちょっと待ってください」とポケットを全部確かめます。

チケットが見つからなくて「あれ？　すみません、もう1回買います」と、また入場券を買いに戻ります。

入場券売場の人も「今、買われましたよね」と覚えています。

入場券がないと入れないので、「もう1回買います」と買い直します。

美術館の中に入った後、何げなしにポケットに手を入れると、そこにチケットがあるのです。

結局2枚持っているということです。

入場券を買った時点で、気持ちが美術館の中へ飛んでいるのです。


本を読んでいる時は、降りる予定の駅で降りられたためしがありません。

乗り過ごしたことに気づいて逆方向の電車に乗ります。

もう1回乗り過ごします。

往復ビンタをされたように、「どこに行くんだっけ?」とわからなくなります。

それぐらい読んでいる本に集中してしまうのです。

私は自動販売機も苦手です。

目の前の自動販売機にあるものの中でいろいろなことを考えてしまうのです。

後ろに人が並ぶとアウトです。

気づくと、「なぜこれを選んだ?」というものを押して買っています。
これは遺伝です。
私の父親も同じです。
外向型アスペルガーで、人と話せるので、一見アスペルガーとは気づかれません。

アスペルガーは、いろいろな症状の出方があります。
私は人づきあいができるアスペルガーで、コツコツしたことはできます。
そうでないと、1000冊以上の本は書いていません。

人間は、弱点が大切です。
弱点を出すことを恥じなくていいのです。
女性から見ても、部下から見ても、弱点はかわいらしさになるのです。
ただし、仕事はできる必要があります。

**仕事ができる上での弱点です。**

みんなができないことができなくて、みんなができることもできないのはNGです。

できることがあって、できないこともあるという形がいいのです。

大人の「色気」を醸し出す方法

45

## 弱点を持とう。

# 46

# 好かれることを求めていないのに、信頼される。

**「好かれること」と「信頼されること」はイコールではありません。**

つい「好かれること」を優先するのです。

たとえば避難する時に、いつもみんなから好かれている人が「こっちへ行こう」と言っても、誰もついて来ないことがあります。

「あの人は好きだけど、信頼はできないんだよね」と言われるのは痛いです。

一方で、「この人はあまり好きじゃないけど、仕事はできるからついていこう」という場合もあります。

「好き」と「信頼」は別ものです。

どちらを取るかです。

「あの人はクセがあってつきあいにくいんだけど、いい仕事をするんだよね」と言われる人には色気があります。

好かれることより信頼を優先するということです。

これは職人的なことです。

私の実家は、昼は染物屋で、夜はスナックです。

染物屋の息子でよかったと思うのは、職人の生き方・生きざまを子どもの時に入れてもらったことです。

母方の実家は、お寿司屋さんと自転車屋です。

私は、そういう職人的なるDNAを入れてもらえたのです。

職人は好かれることを求めていません。

好かれることと信頼は、他者との関係性で大きく分かれます。

真逆なのです。

「好かれる」は、「みんなに何かをしてもらう」ことです。

**みんなに「好きだ」と言ってもらいたいのは他者承認です。**

**「信頼」は「みんなに何かを貢献する」ことです。**

「好かれる」と「信頼」が同時に手に入れば、言うことはありません。

同時に手に入らない時に、「好かれる」と「信頼」のどちらを取るかというスタンスを決めておくことが大切なのです。

大人の「色気」を醸し出す方法

46

## 好かれようとしない。

# 47

# 色気は、大ぜいではなく、一人でいる時に生まれる。

男性は大ぜいでいるのが、好きなのです。

45歳になると、そこそこ部下がいて、知り合いもいるから、大ぜいで固まろうとします。

飲み会に行く時は、すぐ「大ぜい集まろう」と多くの人を誘います。

大ぜい引き連れて、「あの人はなかなか子分が多くて、親分肌を出している」と思われる人に色気は出ません。

**色気は、一匹オオカミに出ます。**

部下をゾロゾロ連れて、なんとなく権威があるような形ではなくて、「なんであの人は一人でいるんだろう」と思われる方がいいのです。

①一人が好きな人

②大ぜいが好きな人

の2通りに分かれます。

本当にみんなから慕われている人は、一人が好きです。

たまには一人になりたいからです。

慕ってくれる人が少ない人ほど、大ぜい集めないと心配になるのです。

一人旅と大ぜいでの旅、一人でごはんを食べることと大ぜいでごはんを食べること、どちらが好きかは人によって分かれます。

自分の世界を持っていると、一人になる方を選びます。

一人で自分の世界に入りたい時にわずらわしくないからです。

にぎやかなところより静かなところが好きになります。

私は、ごはんを食べるところはとにかく静かなところを選びます。

一番好きなのは一人です。

多くても二人です。
三人いると気を使います。
これも父親の遺伝です。
父親はスナックのマスターをしていながら、お客様が嫌いです。
気を使うからです。
大ぜいが好きな人は、まわりに気を使えません。
気働きのある人は、大ぜいいると疲れてしようがないのです。

大人の「色気」を醸し出す方法

47

# 一人でいることを、楽しもう。

# 48

# ワガママは、他者を否定する。自由は、他者を尊重する。

「ワガママ」と「自由」は違います。

ワガママは、「私が正しくてあなたは間違っている。だから私のようにしなさい」と、他者を否定します。

**自由は、他者も肯定するかわりに自分も肯定します。**

他者を否定すると自分も否定していることになります。

どこか自分を肯定しきれないところがあるから、他者を否定しておくのです。

自由になれる人は自制心があります。

「自由になりたい、なりたい」と言う人は、不自由になっていきます。

自分を律して、自立心、自制心のある人は、その結果として自由になれます。

この反作用の現象が起こるのです。

ストイックな人ほど自由です。

「自由でありたい、好きにしたい」と言えば言うほど、その人は不自由なところへ追い込まれてしまいます。

不自由になる原因は、まわりの目線です。

まわりからどう見られるかで、自分の檻（おり）をつくってしまうのです。

自由になるのは簡単です。

**まわりからどう見られているか、気にしなければいいのです。**

**この時に、その人は本当の心の自由を獲得します。**

世の中には、「自由な人」と「不自由な人」がいるのではありません。

「自由な考え方の人」と「不自由な考え方の人」に分かれるだけです。

自由な考え方とは、まわりの目線で檻をつくらない人です。

自由な人と不自由な人が二人いた時、その両者が置かれている状況はまったく同じなのです。

南方熊楠（みなかたくまぐす）は、神社の木を切るのを反対して警察に捕まった時でも、留置所の中で新しい粘菌（ねんきん）を見つけるという自由なところにいられました。

大人の「色気」を醸し出す方法

## 48

# 他人にとやかく言われることを、気にしない。

# 49
# どう見られるかを考えずに表現する。

SNSが自己表現の1つの壁を持っているのは、どう読まれるかを意識しすぎているところです。

「インスタ映え」という現象が生まれました。

「映え」とは、「盛る」ということです。

どう見られるか考えないことが表現なのに、「こうしたら『いいね』が集まりそうだ」ということを考えているのです。

ゴッホの絵は生涯に1枚しか売れませんでした。

傑作なのに、生きている間に売れなかったのは不思議です。

逆なのです。

**売れなかったから、傑作が描けたのです。**

絵が売れると、「こういう絵が売れるんだな」という気持ちがどうしても起こります。

「これは高く売れた」「これは人気だった」とわかると、精神的に弱っている時はその作品の傾向に若干引っ張られる可能性があります。

今までまったく売れなかったのに、1枚に高値がついて売れると、「これでいこうか」と画風を決めてしまう人がいます。

ピカソが偉いのは、若いころから売れているのに、まったくその影響を受けていないことです。

当時は画風をコロコロ変えるので、「ピカソはなんでこんなに変わっちゃったの?」「前の方がよかったのに」と、非難されました。

こういう不評にくじけないのは凄い力です。

ピカソは恋人をどんどん変えて、そのつど画風が変わりました。
それだけピカソはモテて、色気があったという証拠なのです。

大人の「色気」を醸し出す方法

49

## まわりの評価を気にしない。

# 50

## 色気は、派手さではなく、地味さの中にある。

「派手な行為」と「地味な行為」があった時、目立ちたいと思う人は派手なことをするのです。

ＳＮＳでも、派手なことをしている部分を書きます。

地味なことを書いても「だから何？」と思われるからです。

たとえば、さだまさしさんがインタビューを受けました。

映画製作で何十億円という借金をつくり、それを返すためにコツコツとコンサートをしているということばかりが記事になります。

さださんは毎日ギターを練習しているそうです。

この話をしても、ライターさんは一つも書いてくれません。

派手さがないからです。

何十億円の借金というのは派手な話題です。

「毎日ギターを練習している」と言うと、「当たり前」と思われがちです。

実際は、当たり前ではありません。

ベテランになってコンサートをしているのに、毎日ギターを練習しているのです。

コンサートではバイオリンも弾かれます。

バイオリンの練習をするとギターがいい音が出ないそうです。

バイオリンとギターは指使いが違うからです。

しばらくギターの練習をサボると、コンサートでバイオリンのいい音が出るそうです。

これも辛いということがわかります。

コンサートを続けているベテラン歌手の人は、ボイストレーニングのケアをしているのです。

声は消耗品で、劣化し、老化もします。
現役で長く歌えているというのは並大抵の努力ではありません。
そういうことは記事には一切出ませんが、色気があります。
TV的に絵になる派手な部分よりも地味なところが色気になるのです。
山中伸弥(やまなかしんや)教授が毎日走っているところは死ぬほどカッコいいです。
1週間に50キロ走ります。
考えごとがある時は1日に30キロ走るそうです。
山中教授は、自分がつくった研究所の4階に所長室があります。
所長室までは階段を走って上がります。
**忙しい人が毎日走っているというところに色気があるのです。**

大人の「色気」を醸し出す方法

50

## 地味なことをしよう。

# 51

# 色気は、失敗した時に、いつも通りであることから出る。

色気は、成功した時に出ると思うのは勘違いです。
色気は、失敗した時に出ます。
ただし、ただの失敗では色気は出ません。
色気が出る条件は、
　①失敗した時
　②失敗したのにいつも通りでいる
という二つです。
失敗した時にいつもより元気でいるのは、ムリヤリなのです。
ほとんどの人は、失敗した時に、へこむか、いつもより元気になります。

難しいのは、失敗したのにいつも通りをキープすることです。

失敗した時にいつもより元気になるのは、みんなからへこんでいると思われないためです。

これもへこんでいる現象の一つなのです。

アクセルを踏んでムダにエネルギーを使っている状態です。


本当にメンタリティーのある人は違います。

落合博満さんは、現役時代、三振の時もホームランの時も同じ顔でベンチに帰っていました。

そのシーンだけを見ると、三振とホームランのどちらだったのかがわかりません。

三振の時にホームランを打った時のような顔で帰るのです。

これが失敗した時にいつも通りでいられるということです。

成功しても、いつも通りの顔なのです。

はたから見ると、いつも通りでいて、今日うまくいったのかどうかまったくわからない状態の人に色気を感じます。

**一喜一憂していると、色気は出ないのです。**

大人の「色気」を醸し出す方法

## 51

## 失敗した時も、いつも通りでいよう。

# 52

## 色気は、惚れられるより、惚れ直される時に出る。

『広辞苑』の第7版に「惚れ直す」という言葉が入りました。

「惚れる」が入っていて、あえて「惚れ直す」を入れた広辞苑の編集者はセンスがあります。

「惚れる」と「惚れ直す」は違うのです。

「惚れる」は、「好きになること」です。

「惚れ直す」という言葉を入れた編集者の気持ちはわかります。

「惚れ直す」という言葉の意味を間違っている人がいるからです。

「惚れ直しました」と言われて、「じゃ、今まで嫌いになっていたの?」と言う人は、解釈が間違っています。

「惚れ直す」は、「好きなものをいったん嫌いになって、もう1回好きになること」ではなく、「好きな状態からさらに好きになること」です。

惚れるよりも、惚れ直した方がいいのです。

惚れるのは一時的なことで、簡単にできます。

好きではなくなる可能性を秘めています。

「惚れ直す」には、「長い時間軸で何かあったんだな」ということを感じます。

**惚れ直す何かを持っているかどうかが勝負です。**

「惚れ直す」という言葉を見た時に、「どうしたら惚れ直されるのかな」と考える人は色気のない人です。

「惚れ直す」を受け身でとらえるのは間違いです。

色気のある人は、「どうしたら惚れ直せるんだろう」と考えます。

「惚れ直される」ではなく、「惚れ直す」と読むのです。

人間が惚れ直すのは、相手の長所の中に短所を見出した時と、失敗してもいつも通りでいた時です。

「この人、こんなことができないんだ」と惚れ直します。

成功しても失敗しても淡々としている姿を見た時に、「あ、惚れ直す」ということが起こるのです。

その人の違う側面を見た時に、惚れ直し力のない人は「ショック！」「エッ、あの人がこんなこともできないんだ。見損なった」と言います。

これが評価の一喜一憂です。

「あの人、最高」と言っていた人が「だまされた」と、ワイドショーと連動します。

街角インタビューで「裏切られました」と言う人がいると、「あなたに何も損失を与えていないのに、どれだけワイドショーと連動しているんだ」と不思議に思います。

**色気のある人は、相手に対して好き嫌いの乱高下（らんこうげ）が起こりません。**
**自分がどうしたら相手を惚れ直していけるかという「惚れ直し力」です。**

大人の「色気」を
醸し出す方法

52

# 「ショック!」と言わない惚れ直し力を持とう。

情報化社会のネットでは「見損なった」という言葉がすぐに出ます。
この言葉は簡単に使わないことです。
見損なったのは相手のせいではありません。
自分の目が、相手を必要以上に評価していただけです。
「株を買ったのに下がった」と言うのと同じです。
「見損なった」と言うと、相手が悪かったように感じますが、自己責任です。
「惚れ直した」と言える人の方が、色気があるのです。

CHAPTER 5

# 大人の色気は「美学」から生まれる。

# 53

# 色気は、小さなところにある。

色気は、「大きい部分」ではなく「小さい部分」にあります。
目につくところではなくて、人が見逃してしまうようなところです。
夏の空に秋風がヒュッと吹いたくらいの小さなところに気づくことです。
満開の桜を見て「桜」と言うのではありません。
「桜のつぼみが膨らんできた」という一輪の変化に気づくことです。
桜の花は1個だけポンと咲いたりすることがあります。
その小さな変化に気づいて、それを「面白いね」と楽しみます。

色気というのは観察力がいるのです。

見る側に観察力があって、美しい風景があるのではありません。

美しさを見出したり、気づける観察力のあることが大切です。

日常のすべての中に美はあります。

その美に気づけるかどうかです。

**「気づくこと」は共有するということです。**

色気のある人は、「これ、いいね」「これ、美しいよね」「こういうものに出会えてよかった」と感じるのです。


2月に父親と上野公園に行きました。

桜並木がまったく咲いていない時期です。

すべて枯れ枝なのです。

それを見ながら、父親は「ここに咲くんやな」と言いました。

頭の中で満開の桜が見えているのです。

今咲いている桜を見た時は「咲いてるね」で終わりです。

「ここに咲くんやな」という見え方は、今ないものを見ています。
今咲いているものを見るのではなくて、枯れ枝に桜を見るというのだ、ほんの小さなことに気づける力なのです。

大人の「色気」を醸し出す方法

53

# 小さなことに気づいて楽しめる観察力を持とう。

# 54

## 色気は、タブーを破れる勇気から生まれる。

タブーを破ることは、罪悪感との戦いになります。

「してはいけない」と言われることを守るのが優等生です。

優等生に、色気はありません。

「これをしなさい」と言われたことをするのは、正しいと思っているので簡単です。

難しいのは、「してはいけない」と思うことをしてみることです。

教科書で習う時は、「これをこうしなさい」という練習の仕方をします。

私がボールルームダンスを習っている花岡浩司先生は、「こうしてはいけないということを1回してみよう。そうしたら意味がわかるから。ひょっとしたらそこに正解があるかもしれないし」と言ってレッスンをしてくれます。

タブーというのは関心がないことではありません。

あらゆる民族にタブーがあって、あらゆる民族が一番興味のあることがタブーなのです。

食べ物が好きだから興味があるのです。

セックスに興味があるからタブーもあるのです。

タブーというのは興味があることで、恐れる必要はありません。

「今まで『こうしなければいけない』と教わってきたんです。だからできません」と言わないことです。

ずっとはしなくてもいいから、1回、練習としてタブーを冒してみることに色気があるのです。

坂本龍馬の色気は、お龍さんと新婚旅行に行って、高千穂峰にある神様だから抜いてはいけないという、天の逆鉾を抜いてみたことです。

福沢諭吉は合理性を追求するあまり、神社の社には何が入っているのだろうとあけて見てみました。

本来、社はあけてはいけないところです。

まじめな人は「それはしてはいけません」と言われたことは守るのです。

私は予備校時代に、つきあっていた彼女と神田明神へお参りに行きました。

時間が遅かったために閉まっていましたが、せっかく来たので忍び込んだのです。

すると、警備の人に見つかってしまいました。

それでも、忍び込むという行為には冒険があります。

『フランダースの犬』では、主人公の少年がルーベンスの絵を見たくて教会に忍び込みます。

してはいけないことにあえて挑戦してみるのは、アメリカのヒーローも同じです。

アメリカでは、ルールを破る人がヒーローになります。

上司の言うことを聞かない人がヒーローです。

**タブーを恐れないことで、何かを生み出していくのです。**

タブーは増えています。

「本とはかくあるべし」というように、してはいけないと思い込んでがんじがらめになっているのです。

それよりは「こうしてみる手もあるんじゃないの」と、いろいろしてみるところに、気づき・発見・意外な可能性があるのです。

大人の「色気」を醸し出す方法

54

## タブーを恐れない。

# 55

# 「負けました」と言う余裕から色気は生まれる。

勝ち負けで生きている男性の一番言えないことが「負けました」です。

将棋ブームで、お父さんと子どもが親子で将棋会館に来るようになりました。

将棋がほかの競技と最も違うのは、負けた側が「負けました」と言うことです。

最初は将棋好きのお父さんが子どもに勝っているのですが、子どもはすぐに成長します。

お父さんが子どもに「負けました」と言わなければなりません。

自分の子どもならまだいいのです。

隣の子どもと勝負したお父さんが自分の子どもの隣で「負けました」と言うことがあります。

これはお父さんのいいトレーニングになります。

ふだんは、勝った側が「勝ちました」と言う世界に生きているからです。

私は将棋部でした。

**将棋の面白さは、「負けました」と言う時に人間の器が大きくなることです。**

「負けました」と言える人を「カッコいいな」と感じるのです。

**「負けました」と言える人は負けていません。**

「負けました」の言えない人が、負けているのです。

これが武道とスポーツの違いです。

スポーツには勝ち負けがあるのです。

私は高校時代、空手をしていました。

武道には、勝ち負けがありません。

スポーツは敵との戦いです。

武道は己(おのれ)との戦いであり、もっと高いところへチャレンジしているので、常に負けなのです。

大人の「色気」を醸し出す方法

55

# 「負けました」を言おう。

負けて当たり前で、「勝ちました」はありません。

スポーツではなく武道としてチャレンジしていくと、勝ち負けは審判が決めることではなくて、自分が決めることになります。

「負けました」と言える人には、色気があります。

仲間がほめられている時に、「いやぁ、やっぱり、あいつカッコいいよな」と言えるのが本当の色気です。

「あいつ、ああいうふうに見えて、こういうダメなところもあるんだよ」と、相手の評価を下げようとする人がいます。

本人は頑張っているつもりでも、負け惜しみを言えば言うほどみっともなくなっていくのです。

# 56

## 色気は、生きていくハリから生まれる。ハリは、美学から生まれる。

「生きていくハリ」というのは大切な言葉です。
ハリというのは、お金でも役職でもなく、目に見えないものなのです。
45歳を過ぎると、お金も役職も先が見えるのです。
この先何をしていくかは個人差が出ます。
それはその人が持っているハリの違いです。
**ハリというのは、生きていく上における美学です。**
何を優先するのか、何を捨てていいのか、こだわりは何なのかというところです。
趣味に生き始める人がいます。

大人の「色気」を醸し出す方法

56

# 仕事から、生きるハリを生もう。

色気のある人は、仕事はそこそこにして、趣味でハリを感じたいというよりは、仕事の中で自分がハリを感じられる美学が何かできないだろうかと考えます。

**定年があるサラリーマンではなく、職人として生きていけることが大切なのです。**

他者から何かをしてもらおうと思うと、ハリは生まれません。

**他者に何かをしてあげようと思う時にハリが生まれるのです。**

仕事を通して職人的な生き方をしていくことで、自由と開放感を得られます。

他者から何かをしてもらおうと思っていると、束縛と閉塞（へいそく）感しか生まれないのです。

# 57

## 色気は、突き放す覚悟から生まれる。

常に「去る者は追わず」の精神が大切です。

たとえば、企画がボツになりました。

「なんでこれがダメなんですか」と、そのボツにしがみつかないことです。

恋人と別れる時は「なんで別れるの？」と言わないで別れます。

奥さんが突然「離婚する」と言い始めた時に、「え、なんでなんで？」としがみつく人は色気がありません。

その時に「そういうこともあるか」と、前へ進んでいくのです。

これは相手を突き放すことです。

「一緒にいよう、一緒にいよう」と言うのではなく、「帰って」と言えるかどうかです。

親友同士は「眠くなったから帰って」と言えるのです。

これこそが親友です。

「眠くなったから帰って」と言えない関係は、まだ遠慮していて親友とは言えません。

突き放せる淡々感を持つことです。

「一緒に行こう」「オレとつきあおう」ではなく、「オレにかかわったらダメ」と言われる方が、よりかかわりたくなります。

これは作用・反作用の関係です。

「かまって、かまって」と言えば言うほど、かまってもらえなくなります。

「かまうな」と突き放す感じで言う方が、みんなのエネルギーが自分に向かってきます。

今は世の中全般が、はぐれることや迷子になることへの恐れがあります。

はぐれるという感覚は、人間が持つ一つの本能としてあるものです。
男性脳は、孤独癖と放浪癖です。
男性が無口になるというのは、男性的な脳の発露です。
部下を「もう1軒行くぞ」と連れて行くのではなく、
「行くところがあるから君は帰れ」
と**突き放す人が色気があるのです。**

大人の「色気」を醸し出す方法

57

## 突き放そう。

# 58

# 色気のある人は、年配の人・子どもに人気がある。

色気のある人は年配の人と子どもに人気があります。

同世代・上司・先輩・後輩に人気があっても、それは色気があるということではありません。

自分の親以上・おばあちゃん・おじいちゃん・孫ぐらいの子どもは、利害関係がないので、相手の本質を見抜きます。

動物も、その人を知らない外国人も相手の本質を見抜きます。

その人の肩書が通用しない世界なのです。

45歳ぐらいは、日常において肩書がけっこう通用してしまいます。

会社ではそこそこのポジションにいたり、キャリアを積み、友達も増えていたら、今までの人脈でなんとかなります。

**色気のある人は、今までの人脈で勝負していません。**

名前も名乗らない状態で、きちんとした人として扱われるかどうかが、色気のある人とない人の分かれ目になるのです。

大人の「色気」を醸し出す方法

## 58

## 年齢を気にしない。

# 59

# 色気は、引き算から生まれる。色気のある人は、飾りが少ない。

色気は、足し算ではなく引き算から生まれます。

「アクセサリーは何をつければいいんですか」と聞く人がいます。

色気のある人は、アクセサリーをつけません。

**アクセサリーをはずすことで色気がついてきます。**

飲み屋に行って時計を見せびらかしている人には色気がありません。

**本当に色気のある人はアクセサリーを身につけていません。**

何も見せびらかすことはないのです。

たとえば、いいスーツを着ていても、スーツよりその人の方が上なのです。

**時計が目立っている人は、時計に負けているということです。**

時計よりその人が上なら、時計は目立ちません。
クルマで目立とうとしている時点でクルマに負けています。
クルマがご主人様で、クルマの「運転手」と呼ばれます。

**ある部分が突出する時点で、その人は色気がありません。**

本当に色気のある人は、目立ちますが、風景になじむのです。

一流ホテルのロビーのソファーに、あたかも自分の家であるかのごとく座っている人は、その場に溶け込んでいます。

美術館に行っても、まるでその美術館に住んでいるように感じるぐらい溶け込んでいる人がいます。

これは、「ヤル気」と「本気」の違いなのです。

**「ヤル気」満々というのは突出します。**
**「本気」は淡々としているのです。**

ディズニーランドに行き慣れている人は、年間パスポートで毎日来ています。
「今日はアトラクションを何か見た」ではありません。
何も見ません。
ディズニーランドの空気が好きだから来ているのです。
アトラクションに乗りに行っているうちは、まだ「行った」で終わりです。

足し算と引き算で言うと、海外のフラワーアレンジメントは足し算なのです。
花をギューギューに詰めます。
西洋絵画も抽象絵画もギューギューに詰めます。
日本の美術は「何を落とすか」という引き算です。
日本の生け花の美学は、一輪一枝です。
「何を引いていくか」と考えて、花や花びらをはさみで落としてしまいます。
ふすま絵がビッシリ描かれていたら暑苦しいです。

この感覚がアクセサリーをつけない美学につながるのです。
アクセサリーをつけないと落ち着かないのは、自信のなさです。
引き算から色気が出るのは、引く自信が感じられるからなのです。

大人の「色気」を醸し出す方法

59

## アクセサリーを、つけない。

# 60

# 色気は、健康から生まれる。健康は、規則正しい生活から生まれる。

不健康な状態で、目の下にくまがあるのは色気になりません。

色気は、健康な状態から生まれます。

そのためには規則正しい生活をする必要があります。

不規則な生活を自慢している人に色気は感じません。

朝早く起きて早く寝るという生活をしている人の方が、はるかに色気を感じます。

お坊さんの暮らしと同じです。

「睡眠時間は何時間ですか」「お休みとかあるんですか」という残念な質問をする人がよくいます。

**色気のない人は、不規則な生活に色気があると思っているのです。**

これは勘違いです。

不規則な生活をする人に色気はありません。

規則正しい生活の中にこそ、色気があるのです。

大人の「色気」を醸し出す方法

60

## 不規則な生活を自慢しない。

# 61

# 色気は、マナーから生まれる。マナーとは、まわりの人に不快感を与えないこと。

たとえば、新幹線の中で隣の男性が靴を脱いで、ヒザに乗せた足をこちらへ向けていました。

これは男性は平気なのです。

女性は、通路を挟んでいても不快です。

視覚情報としてアウトなのです。

革靴を履いていると脱ぎたくなるのは下駄の文化から変わらない感覚です。

まだ開国してから150年的な、革靴になじんでいない世界にいるのです。

新幹線の中で靴を脱ぐ人は、まわりの人に不快感を与えています。

**色気とは、まわりの人の五感を幸せにすることです。**

まわりの人の五感を喜ばせる人に色気があるのです。

その人の声を聞いているだけで感じいいというのも色気があります。

その人の声を聞いているだけでイライラするのとは違います。

その人が立っているところを見るだけで「ああ、気持ちいいな」と感じることがあります。

神社で拝んでいるところを見るだけで「あの人、カッコいいな」と思うのは、目で感じているということです。

色気のある人は、五感で心地いい状態をつくって、まわりの人の五感を満足させます。

五感で不快にさせるか満足させるかが大きな分かれ目になります。

**色気は目に見えないものですが、五感では確実に感じています。**

数値化できないだけです。

「数値化できるもの」より「数値化できないもの」の方が、はるかにまわりの人に与える印象の影響力は大きいのです。

大人の「色気」を醸し出す方法

61

## まわりの人の五感を満足させよう。

# 62

# 色気は、ズボンのクリースから生まれる。

「シワには、いいシワと悪いシワがあるのでしょうか」と聞く人がいます。
人相学的に言うと、縦のシワはマイナスです。
眉間の縦のシワは苦悩しています。
笑っていると、シワは目尻にできます。
歳を取ると、横のシワもできます。
苦悩している人は目尻のシワが下がり、笑っている人は上がります。
クリント・イーストウッドのシワは上がっています。
よく笑っている人は、上がるシワができます。
ほうれい線でも、口角のシワは、ふだんからムッとしている人と、笑っている人とで、下がるシワと上がるシワに分かれます。
笑っている人のシワは、怪物くんと同じで、猫のヒゲのようにピッと入ります。
顔のシワはそれほど気にしなくていいのです。

それより服のシワをきれいにした方がいいです。
男性がよくほったらかしにしているのはズボンのシワです。
ズボンも横のシワはNGです。
お尻・ヒザの裏・鼠蹊部（そけいぶ）にシワがたくさんついています。
つけていいのは縦のシワです。
ズボンの折目のシワ「クリース」です。
タキシードを着ても、背中がシワだらけになっている人がいます。
着る前に、タキシードを後ろから見てシワをチェックしていないのです。
シワを取るにはアイロンをかければいいのです。

**服にアイロンをかけるということは、心にアイロンをかけることです。**

ハンカチやシャツがシワくちゃの人は、靴も磨いていません。
色気は光っています。
靴が光っているのです。
高い靴か安い靴かは関係ありません。
自分で磨いても、磨きに出してもいいから、靴が光っていることが大切です。
靴は見られています。
人間は、いきなり顔からは見ません。
**隣り合わせた人が「どんな人かな」とまず見るのは、相手の靴です。**
「あ、靴が光っているぞ」という人は色気があります。
パーティーでも、ホテルに行っても靴を見られます。
信号待ちをしていても、「この人の靴は光ってるな」とわかります。
夜でも、飛行機の中でも光ります。
プロに磨いてもらうと、光ります。

**靴をメンテする余裕があるかどうかで、色気のある人になるかどうかが分かれます。**


靴を買ってきたら、まず磨きに出します。

買ってきた靴は油を含んでいません。

まず油を含ませてもらうために、買った靴を磨きに出すのです。

「今日、すぐ急いで履きたい」という余裕のなさでは、靴をメンテすることはできないのです。

大人の「色気」を醸し出す方法

62

## ズボンと心に、アイロンをかけよう。

63

エピローグ

# 大人にならないと色気は出ない。

「色気はいくつになったら出すことができますか」と聞く人がいます。

色気は年齢ごとにあります。

10歳には10歳の色気、20歳には20歳の色気、45歳には45歳の色気、80歳には80歳の色気があります。

それぞれの年齢で今出せる色気を出していくことが大切です。

「あと10年したらこんな色気をつけたい」と、その時に頑張ってもムリです。

結果として、今までの10年をどう生きてきたかというのが、その人の色気になります。

結果は10年後に出ます。

大人の「色気」を醸し出す方法

63

## その年齢でしか出せない魅力を持とう。

今日したことが今日の結果ではないのです。

少なくとも10年かかります。

**10年間、その人がどう生きてきたか、どういう人と接してきたか、どういう覚悟で生きてきたかということが結果に出ます。**

今は色気がなくても、「10年後、こういう色気のある人間になりたい」と思うなら、今日から実行していけば結果はそのまま出ます。

今日していることが10年後の結果になるのです。

誰でも色気をつけることはできます。

今、色気が出ていないということは、ただ自分がサボっていただけです。

色気は生まれつきあるものではありません。

今までどう生きてきたかという生きざまが、その人の色気になっていくのです。

# 中谷彰宏　主な作品一覧

## ビジネス

### 【ダイヤモンド社】

『50代でしなければならない55のこと』
『なぜあの人の話は楽しいのか』
『なぜあの人はすぐやるのか』
『なぜあの人の話に納得してしまうのか［新版］』
『なぜあの人は勉強が続くのか』
『なぜあの人は仕事ができるのか』
『なぜあの人は整理がうまいのか』
『なぜあの人はいつもやる気があるのか』
『なぜあのリーダーに人はついていくのか』
『なぜあの人は人前で話すのがうまいのか』
『プラス1％の企画力』
『こんな上司に叱られたい。』
『フォローの達人』
『女性に尊敬されるリーダーが、成功する。』
『就活時代しなければならない50のこと』
『お客様を育てるサービス』
『あの人の下なら、「やる気」が出る。』
『なくてはならない人になる』
『人のために何ができるか』
『キャパのある人が、成功する。』
『時間をプレゼントする人が、成功する。』
『ターニングポイントに立つ君に』
『空気を読める人が、成功する。』
『整理力を高める50の方法』
『迷いを断ち切る50の方法』
『初対面で好かれる60の話し方』
『運が開ける接客術』
『バランス力のある人が、成功する。』
『逆転力を高める50の方法』
『最初の3年その他大勢から抜け出す50の方法』
『ドタン場に強くなる50の方法』
『アイデアが止まらなくなる50の方法』
『メンタル力で逆転する50の方法』
『自分力を高めるヒント』
『なぜあの人はストレスに強いのか』
『スピード問題解決』
『スピード危機管理』
『一流の勉強術』
『スピード意識改革』
『お客様のファンになろう』
『なぜあの人は問題解決がうまいのか』
『しびれるサービス』

『大人のスピード説得術』
『お客様に学ぶサービス勉強法』
『大人のスピード仕事術』
『スピード人脈術』
『スピードサービス』
『スピード成功の方程式』
『スピードリーダーシップ』
『出会いにひとつのムダもない』
『お客様がお客様を連れて来る』
『お客様にしなければならない50のこと』
『30代でしなければならない50のこと』
『20代でしなければならない50のこと』
『なぜあの人は気がきくのか』
『なぜあの人はお客さんに好かれるのか』
『なぜあの人は時間を創り出せるのか』
『なぜあの人は運が強いのか』
『なぜあの人はプレッシャーに強いのか』

**【ファーストプレス】**
『「超一流」の会話術』
『「超一流」の分析力』
『「超一流」の構想術』
『「超一流」の整理術』
『「超一流」の時間術』
『「超一流」の行動術』
『「超一流」の勉強法』
『「超一流」の仕事術』

**【PHP研究所】**
『もう一度会いたくなる人の聞く力』
『【図解】仕事ができる人の時間の使い方』
『仕事の極め方』
『【図解】「できる人」のスピード整理術』
『【図解】「できる人」の時間活用ノート』

**【PHP文庫】**
『入社3年目までに勝負がつく77の法則』

**【オータパブリケイションズ】**
『レストラン王になろう2』
『改革王になろう』
『サービス王になろう2』

**【あさ出版】**
『気まずくならない雑談力』
『人を動かす伝え方』
『なぜあの人は会話がつづくのか』

**【学研プラス】**
『頑張らない人は、うまくいく。』
『見た目を磨く人は、うまくいく。』（文庫）
『セクシーな人は、うまくいく。』
『片づけられる人は、うまくいく。』（文庫）
『なぜ あの人は2時間早く帰れるのか』
『チャンスをつかむプレゼン塾』
『怒らない人は、うまくいく。』（文庫）
『迷わない人は、うまくいく。』（文庫）
『すぐやる人は、うまくいく。』（文庫）

『シンプルな人は、うまくいく。』
『見た目を磨く人は、うまくいく。』
『決断できる人は、うまくいく。』
『会話力のある人は、うまくいく。』
『片づけられる人は、うまくいく。』
『怒らない人は、うまくいく。』
『ブレない人は、うまくいく。』
『かわいがられる人は、うまくいく。』
『すぐやる人は、うまくいく。』

**【リベラル社】**

『問題解決のコツ』
『リーダーの技術』

『速いミスは、許される。』（リンデン舎）
『歩くスピードを上げると、頭の回転は速くなる。』
（大和出版）
『結果を出す人の話し方』（水王舎）
『「お金持ち」の時間術』（二見書房・二見レインボー文庫）

『一流のナンバー2』（毎日新聞出版）
『なぜ、あの人は「本番」に強いのか』（ぱる出版）
『仕事は、最高に楽しい。』（第三文明社）
『「反射力」早く失敗してうまくいく人の習慣』
（日本経済新聞出版社）
『伝説のホストに学ぶ82の成功法則』
（総合法令出版）
『リーダーの条件』（ぜんにち出版）
『転職先はわたしの会社』（サンクチュアリ出版）
『あと「ひとこと」の英会話』（DHC）

## 恋愛論・人生論

**【ダイヤモンド社】**

『なぜあの人は感情的にならないのか』
『なぜあの人は感情的にならないのか』
『なぜあの人は逆境に強いのか』
『25歳までにしなければならない59のこと』
『大人のマナー』
『あなたが「あなた」を超えるとき』
『中谷彰宏金言集』
『「キレない力」を作る50の方法』
『30代で出会わなければならない50人』
『20代で出会わなければならない50人』
『あせらず、止まらず、退かず。』
『明日がワクワクする50の方法』
『なぜあの人は10歳若く見えるのか』
『成功体質になる50の方法』
『運のいい人に好かれる50の方法』
『本番力を高める57の方法』
『運が開ける勉強法』
『ラスト3分に強くなる50の方法』
『答えは、自分の中にある。』
『思い出した夢は、実現する。』
『面白くなければカッコよくない』
『たった一言で生まれ変わる』
『スピード自己実現』
『スピード開運術』
『20代自分らしく生きる45の方法』

『大人になる前にしなければならない50のこと』
『会社で教えてくれない50のこと』
『大学時代しなければならない50のこと』
『あなたに起こることはすべて正しい』

**【PHP研究所】**
『なぜあの人は、しなやかで強いのか』
『メンタルが強くなる60のルーティン』
『なぜランチタイムに本を読む人は、成功するのか。』
『中学時代にガンバれる40の言葉』
『中学時代がハッピーになる30のこと』
『14歳からの人生哲学』
『受験生すぐにできる50のこと』
『高校受験すぐにできる40のこと』
『ほんのささいなことに、恋の幸せがある。』
『高校時代にしておく50のこと』
『中学時代にしておく50のこと』

**【PHP文庫】**
『もう一度会いたくなる人の話し方』
『お金持ちは、お札の向きがそろっている。』
『たった3分で愛される人になる』
『自分で考える人が成功する』
『大学時代しなければならない50のこと』

**【だいわ文庫】**
『美人は、片づけから。』
『いい女の話し方』
『「つらいな」と思ったとき読む本』
『27歳からのいい女養成講座』
『なぜか「HAPPY」な女性の習慣』
『なぜか「美人」に見える女性の習慣』
『いい女の教科書』
『いい女恋愛塾』
『やさしいだけの男と、別れよう。』
『「女を楽しませる」ことが男の最高の仕事。』
『いい女練習帳』
『男は女で修行する。』

**【学研プラス】**
『美人力』（ハンディ版）
『嫌いな自分は、捨てなくていい。』

**【阪急コミュニケーションズ】**
『いい男をつかまえる恋愛会話力』
『サクセス&ハッピーになる50の方法』

**【あさ出版】**
『なぜ あの人はいつも若いのか。』
『孤独が人生を豊かにする』
『「いつまでもクヨクヨしたくない」とき読む本』
『「イライラしてるな」と思ったとき読む本』

**【きずな出版】**
『イライラしない人の63の習慣』
『悩まない人の63の習慣』
『いい女は「涙を背に流し、微笑みを抱く男」とつきあう。』
『ファーストクラスに乗る人の自己投資』

『いい女は「紳士」とつきあう。』
『ファーストクラスに乗る人の発想』
『いい女は「言いなりになりたい男」とつきあう。』
『ファーストクラスに乗る人の人間関係』
『いい女は「変身させてくれる男」とつきあう。』
『ファーストクラスに乗る人の人脈』
『ファーストクラスに乗る人のお金2』
『ファーストクラスに乗る人の仕事』
『ファーストクラスに乗る人の教育』
『ファーストクラスに乗る人の勉強』
『ファーストクラスに乗る人のお金』
『ファーストクラスに乗る人のノート』
『ギリギリセーフ』

**【ぱる出版】**

『品のある稼ぎ方・使い方』
『察する人、間の悪い人。』
『選ばれる人、選ばれない人。』
『一流のウソは、人を幸せにする。』
『セクシーな男、男前な女。』
『運のある人、運のない人』
『器の大きい人、器の小さい人』
『品のある人、品のない人』

**【リベラル社】**

『50代がもっともっと楽しくなる方法』
『40代がもっと楽しくなる方法』
『30代が楽しくなる方法』
『チャンスをつかむ 超会話術』
『自分を変える 超時間術』
『一流の話し方』
『一流のお金の生み出し方』
『一流の思考の作り方』
『一流の時間の使い方』

**【秀和システム】**

『楽しく食べる人は、一流になる。』
『一流の人は、○○しない。』
『ホテルで朝食を食べる人は、うまくいく。』
『なぜいい女は「大人の男」とつきあうのか。』
『服を変えると、人生が変わる。』

**【日本実業出版社】**

『出会いに恵まれる女性がしている63のこと』
『凛とした女性がしている63のこと』
『一流の人が言わない50のこと』
『一流の男 一流の風格』

**【主婦の友社】**

『あの人はなぜ恋人と長続きするのか』
『あの人はなぜ恋人とめぐりあえるのか』
『輝く女性に贈る 中谷彰宏の運がよくなる言葉』
『輝く女性に贈る 中谷彰宏の魔法の言葉』

**【水王舎】**

『「人脈」を「お金」にかえる勉強』
『「学び」を「お金」にかえる勉強』

**【毎日新聞出版】**

『あなたのまわりに「いいこと」が起きる70の言葉』

『なぜあの人は心が折れないのか』

**【大和出版】**

『「しつこい女」になろう。』

『「ずうずうしい女」になろう。』

『「欲張りな女」になろう。』

『一流の準備力』

『状況は、自分が思うほど悪くない。』（リンデン舎）

『好かれる人が無意識にしている言葉の選び方』（すばる舎リンケージ）

『好かれる人が無意識にしている気の使い方』（すばる舎リンケージ）

『成功する人は、教わり方が違う。』（河出書房新社）

『昨日より強い自分を引き出す61の方法』（海竜社）

『一流のストレス』（海竜社）

『一歩踏み出す5つの考え方』（ベストセラーズ）

『一流の人のさりげない気づかい』（ベストセラーズ）

『名前を聞く前に、キスをしよう。』（ミライカナイブックス）

『ほめた自分がハッピーになる「止まらなくなる、ほめ力」』（パブラボ）

『なぜかモテる人がしている42のこと』（イースト・プレス　文庫ぎんが堂）

『「ひと言」力。』（パブラボ）

『人は誰でも講師になれる』（日本経済新聞出版社）

『会社で自由に生きる法』（日本経済新聞出版社）

『全力で、1ミリ進もう。』（文芸社文庫）

『「気がきくね」と言われる人のシンプルな法則』（総合法令出版）

『なぜあの人は強いのか』（講談社+α文庫）

『3分で幸せになる「小さな魔法」』（マキノ出版）

『大人になってからもう一度受けたい コミュニケーションの授業』（アクセス・パブリッシング）

『運とチャンスは「アウェイ」にある』（ファーストプレス）

『大人の教科書』（きこ書房）

『モテるオヤジの作法2』（ぜんにち出版）

『かわいげのある女』（ぜんにち出版）

『壁に当たるのは気モチイイ　人生もエッチも』（サンクチュアリ出版）

『ハートフルセックス』【新書】（KKロングセラーズ）

書画集『会う人みんな神さま』（DHC）

ポストカード『会う人みんな神さま』（DHC）

**【面接の達人】（ダイヤモンド社）**

『面接の達人　バイブル版』

本の感想など、
どんなことでも、
あなたからのお手紙を
お待ちしています。
僕は、本気で読みます。

中谷彰宏

〒162-0053
東京都新宿区原町3-61　桂ビル
現代書林気付　中谷彰宏行
＊食品、現金、切手などの同封はご遠慮ください。（編集部）

---

中谷彰宏は、盲導犬育成事業に賛同し、
この本の印税の一部を
（公財）日本盲導犬協会に寄付しています。

中谷彰宏（なかたに あきひろ）

1959年、大阪府生まれ。
早稲田大学第一文学部卒業。84年、博報堂に入社。CMプランナーとして、テレビ、ラジオCMの企画、演出をする。91年、独立し、株式会社中谷彰宏事務所を設立。ビジネス書から恋愛エッセイ、小説まで、多岐にわたるジャンルで、数多くのロングセラー、ベストセラーを送り出す。「中谷塾」を主宰し、全国で講演・ワークショップ活動を行っている。

[中谷彰宏公式サイト]
http://an-web.com/

なぜあの人には「大人の色気」があるのか

2018年4月18日　初版第1刷

著　者―――――――中谷彰宏
発行者―――――――坂本桂一
発行所―――――――現代書林
〒162-0053　東京都新宿区原町3-61　桂ビル
TEL／代表　03(3205)8384
振替00140-7-42905
http://www.gendaishorin.co.jp/

ブックデザイン＋DTP―――吉崎広明（ベルソグラフィック）
企画・編集協力―――――遠藤励起
カバー帯使用写真――――Pressmaster/Shutterstock.com


印刷・製本　広研印刷㈱
定価はカバーに表示してあります。
万一、落丁・乱丁のある場合は購入書店名を明記の上、小社営業部までお送りください。送料は小社負担でお取り替え致します。
この本に関するご意見・ご感想をメールでお寄せいただく場合は、info@gendaishorin.co.jp まで。



ISBN978-4-7745-1699-8 C0030